BEING THERE
why prioritizing motherhood in the first three years matters

不缺席的妈妈

3岁前给孩子全然的陪伴

【美】埃里卡·柯米萨（Erica Komisar）著

马亚婷 马颖 译

机械工业出版社
CHINA MACHINE PRESS

图书在版编目（CIP）数据

不缺席的妈妈：3岁前给孩子全然的陪伴／（美）埃里卡·柯米萨（Erica Komisar）著；马亚婷，马颖译. —北京：机械工业出版社，2018.9
书名原文：Being There：why prioritizing motherhood in the First Three Years Matters
ISBN 978-7-111-60694-9

Ⅰ.①不…　Ⅱ.①埃…②马…③马…　Ⅲ.①家庭教育　Ⅳ.①G78

中国版本图书馆 CIP 数据核字（2018）第 184339 号

机械工业出版社（北京市百万庄大街22号　邮政编码100037）
策划编辑：刘文蕾　　　　　责任编辑：刘文蕾　　王　蕾
责任校对：张　力　　　　　责任印制：张　博
三河市国英印务有限公司印刷
2018年9月第1版·第1次印刷
169mm×239mm·13.75 印张·172 千字
标准书号：ISBN 978-7-111-60694-9
定价：45.00元

凡购本书，如有缺页、倒页、脱页，由本社发行部调换

电话服务　　　　　　　　　　网络服务
服务咨询热线：（010）88361066　　机工官网：www.cmpbook.com
读者购书热线：（010）68326294　　机工官博：weibo.com/cmp1952
　　　　　　　（010）88379203　　金书网：www.golden-book.com
封面无防伪标均为盗版　　　　教育服务网：www.cmpedu.com

献给我最亲爱的丈夫乔丹，他是我最好的朋友和灵感的源泉，他的爱与支持，使这本书成为可能；献给我可爱的孩子们，布莱斯、乔纳斯和索菲亚，他们教会我的比我教他们的还要多，我每天都因为能成为他们的母亲而心怀感激；献给我的母亲伊迪丝，她把母爱视为比其他一切都重要的东西，她的温暖、慈爱和养育方式一直是我的榜样。

孩子们不是对重要工作的干扰，他们才是最重要的工作。

——C. S. 路易斯

对你的孩子来说，最重要的不是你的礼物而是你的陪伴。

——杰西·杰克逊

没有一个方法可以让你成为一位完美的母亲，但有很多方法能够让你成为一位好母亲。

——吉尔·丘吉尔

引　言

10 年前我开始筹划写一本书，讨论如果妈妈忽视育儿问题、对孩子疏于照料时会给孩子带来哪些影响。后来我意识到我需要推迟这个计划，因为如果这本书的写作占据了我主要的精力，那么我就无法充分陪伴自己的孩子了。

现在我的孩子们都已经成为青少年，他们一周的大部分时间都在上学、参加其他活动或约见朋友，待在家里的时间很少。当孩子们回家时我依然会在家中陪伴他们。当十几岁的儿子走到门口给我一个拥抱时，我意识到他仍需要我的陪伴，但已不像小时候那样，需要我投入那样多的精力。孩子们已不再住在家里，虽然他们仍需要我，但我不需要用大量的精力去照顾他们物质上和情感上的需要。这让我有更多的时间和更广阔的心理空间，我意识到写这本书的时机到了。事实上，我们可以在生命的不同阶段完成不同的事情。在孩子小时候，如果我们不能亲身陪伴孩子，给予孩子情感上的安慰，那就很难培养出健康的孩子。当我们把大量时间用于工作或是其他兴趣之中时，对孩子的情感需求就不那么在意和留心，无法用心陪伴他们。

在美国，关于职场妈妈和全职妈妈的争论依然很激烈，这让我感到很难过。因为我们不是支持所有的妈妈，而是把职场妈妈和全职妈妈分离开来。不论是职场妈妈还是全职妈妈，每位妈妈都要面临平衡自己与孩子之间需求的问题。而作为职场妈妈，我需要决定什么时候回去工作，以及当我的孩子们还很小的时候工作多长时间。

这本书关乎孩子们的身心健康，同时也关乎妈妈们的健康和幸福。我们可以取得曾经梦想过的所有事业上的成功，但是当孩子经受痛苦时，我们也同样遭受痛苦。即使我们取得了世界上所有职业上的成功，但是因为我们在孩子幼小时对他们的需求不够敏感或缺乏同理心，从而使孩子怨恨我们，甚至更糟糕的是孩子可能在某些方面存在缺陷，当孩子抑郁、焦虑，不能和其他人建立和维持深入的情感关系，作为母亲我们还能真正感到幸福和满足吗？

许多父母经常有罪恶感，因为他们力量太有限，在相互冲突的责任之间左右为难，不能为孩子付出足够的时间和精力。我认为有一个解决办法，但是这需要父母审视他们的核心价值观，需要把家庭放在第一位，我们的社会也要变得更加以儿童为中心。我们需要了解和尊重母亲在孩子生命中独一无二的位置，特别是在孩子 3 岁以前。

我是一名精神分析学家，在纽约开了一家私人诊所，在过去的 24 年里，我的工作重点集中于研究母亲与孩子之间的关系。刚开始我是一名社工，后来是育儿专家和精神分析学家，治疗儿童和成人因早期关系缺失和创伤而产生的心理问题、幼儿的行为和发育的问题，以及大一点的孩子和青年人的抑郁、焦虑和各种成瘾问题。通过治疗过程中所获得的一手资料，我逐渐了解到母亲在幼儿日常生活中情感和身体上的缺席同孩子的一些疾病症状和失调表现之间的联系。越来越多的父母因为孩子的各种各样社交问题、行为问题或发育紊乱来找我。我很清楚这些症状通常和孩子过早与母亲分离有关。不论是在外工作还是全职在家，尽管母亲们的意图是好的，但她们可能不知道如何陪伴孩子或是如何发现孩子陷入困境中的迹象。

作为一名治疗师，我的工作可能让人们感到不舒服，但这样他们才能改变，最终才能过上更加快乐和满意的生活。你可能会不喜欢我将在这本书中说的一些话。如果你已经是一位母亲，或是你在考虑要一个小孩，我说的话可能让你感到内疚和不舒服。如果你想要个小孩，我希望我所说的能让你更清楚自己面临的选择。

我和我的同事搜集了大量的研究成果、统计资料和案例，来充分证明我们的社会正在使我们的孩子出现越来越多的问题：从幼儿期到青春期，孩子们在情感上、社交上和行为上出现的问题（如多动症、焦虑、抑郁等）正在急剧增加。

统计结果令人震惊。根据美国疾控中心（CDC）的统计，美国4～17岁的孩子中，有11%的孩子被诊断为多动症。多动症从2007年到现在急剧增长了16%，其中2/3的孩子接受了兴奋剂药物治疗，例如哌甲酯和阿得拉，而这两种药物都有明显的副作用[1]。

2011年的数据简报描述了2005～2008年美国全国健康及营养状况调查的主要发现。疾控中心报道：自1988年以来，12岁以上服用抗抑郁药物的儿童数量增加了400%。事实上，12岁以上的美国人现在有11%在服用抗抑郁药。2011～2012年服用治疗精神疾病的非专利药物的青少年比例上升到19.4%。在较小的孩子中，被诊断为患有精神疾病的儿童数量上升到惊人的19%[2]。

出现饮食障碍的人数也在上升。美国医疗保健研究与质量局的一项研究显示，在美国超过250万人患有饮食障碍[3]，在过去10年，12岁及以下儿童因饮食障碍而住院的人数增加了119%[4]。

另一个令人不安的趋势是，所有年龄段儿童的暴力、攻击、欺凌行为都在增多。美国疾控中心2011年的一项调查显示：

• 超过70万名10～24岁的年轻人在急诊室接受治疗的原因是因打架造成的非致命性伤害。

• 大约33%的高中生声称在调查前的12个月里，参与过打架斗殴。

• 将近20%的高中生声称在学校里被恐吓过，16%的高中生声称受到过网络上的恐吓。[5]

为什么这些会发生在我们的孩子身上？我认为一个关键的因素是太多的人雄心勃勃地追求自己的个人需求，而忘记了我们是如何进化成社会性动物的。母亲们常常把自己的工作和需求优先于孩子的需求。我知道这是个很有争议的话题，以至于很少有人敢去探讨这个问题。研究人员在关于儿童及其主要照料者的文章中不用"母亲"这一词；临床医生也不愿意公开"情感缺失或是缺少亲身陪伴的母亲与孩子的个性、社交能力甚至精神疾病之间的直接联系"，但是我们临床医生会相互讨论这个问题。越来越多神经科学、激素、情感依恋以及表观遗传学方面的研究证据支持了我们在临床实践中看到的关联。多年来，我一直积极促进社会改变，而不仅是心理学领域的些许变化。这就是为什么我在开始创建私人心理诊所前是一名社会工作者。

我们在媒体上看到了大量关于在职父母需求的讨论，但是关于孩子需求的讨论却很少。例如，在《纽约时报》上的一篇文章《华尔街妈妈们和全职奶爸们》中[6]，我们了解到爸爸和妈妈在家庭生计维持者和孩子照料者之间的角色发生了变化，越来越多的爸爸开始担任孩子的照料者。我们不知道在这样的夫妻分工方式中，孩子在妈妈不在身边时是如何想的。我们也很少听到当父母把年幼的孩子交给他人照顾时，是如何处理他们的矛盾情绪的。我们当中似乎很少有人想要谈论什么是对孩子最好的——或是从长远来看什么是对孩子最好的，同时也是对父母最好的。在本书中，我将通过一个专题讨论什么对我们的孩子有好处，以及什么对母亲的成功和满意感有益。

缺少情感安慰和亲身陪伴，以及由此带来的痛苦，可能是人们接受心理治疗最常见的原因。弗洛伊德说过"重复即是记忆"，这是一句很好的格言，虽然我们可能忘记童年时代的痛苦经历，但是我们经常在孩子身上重新塑造自己的成长模式。菲利普·拉金在《这就是诗》一诗中正好对此情况进行了描述：

他们养育你，折磨你，你的爸爸和妈妈。
他们也许不是存心，但是事实如此。
他们把自己的过错灌输给你，
还额外为你附加了一些。

他们自己也是被折磨大的，
被那些穿着老式的可笑之人，
那些一半时间虚情假意，
一半时间又针锋相对的人。

人们传递着不幸，
如同越陷越深的海岸，
尽早逃离吧，
不要再养育孩子。

如果按照拉金的话，我们中几乎没有人会要孩子。但我认为他真正想告诉我们的是，如果母亲被上一代的养育方式所伤害，她往往会以同样的模式养育孩子。把她父母的养育方式和她的痛苦传给下一代。但是这个模式可以被改变，我会告诉你们如何做出改变，使你们养育孩子的模式有所不同，同时也带给你们更多快乐。

本书探讨了我们这个时代重要的社会问题：母爱缺失对孩子的影响。我希望鼓励母亲更加主动和自觉地去寻求她们需要的支持和帮助。我写这本书是为了帮助所有缺少母亲亲身陪伴和情感安慰但却无法发声的孩子，以及所有在离开孩子时感到痛苦和矛盾的母亲，告诉她们还存在其他选择。

目　录

第一部分
母亲的陪伴

第一章　更多的付出，更多的回报

抚养孩子不像极简主义所追求的那样简单，它不只是在物质方面为孩子提供足够的玩具、婴儿用品就够了。在孩子 3 岁前投入越多的时间、精力和关注，孩子的发展就越好。美国儿科学会前主席托马斯·麦金纳尼博士说过："在孩子 3 岁前，母亲和孩子间频繁积极的互动，对于孩子的交往能力和认知能力发展极其重要。"母亲对孩子早期的照顾和陪伴会影响孩子的大脑发育[1]。斯坦福医学院发布的一项最新研究表明，相比于陌生人的声音，孩子的大脑对母亲的声音会产生更强烈的反应，涉及的大脑区域不仅包含了听觉处理区域，还和情感及社交区域有关[2]。如果母亲能在孩子发展的关键时期花更多的时间陪伴他，孩子就更有可能获得情感上的安全感，能承受住压力，并且能更好地调节自己的情绪，理解他人的社交暗示，获得较高的情商，与他人建立更亲密的联系。

母亲仅仅陪在孩子身边是不够的，母亲情感上的陪伴对于孩子短期和长期的身心健康至关重要。但我想强调的是，如果母亲不在孩子身边，情感陪伴如何能够实现？对孩子早期的陪伴会使孩子长久受益，相反，缺乏这种必要的联结会对孩子产生终身的影响。

这是否意味着孕妇和新手妈妈们应该辞去她们的工作或者放弃她们的职业目标呢？假如妈妈选择在外工作或花时间在健身房、做志愿活动，或和朋友们在一起聚会，就会导致孩子在此后的生活中陷入情感和社交困境吗？妈妈应该把所有醒着的时间都花在孩子身上？我并不赞同，实际情况要比这更复杂。

毫无疑问，孩子 3 岁前这段时间非常关键。大量研究证明，在这段时期，女性如果投入更多的时间履行母亲的职责，享受作为母亲的快乐，那么她的孩子在整个人生当中将更有可能获得情绪上的安全感和身体上的健康。如果可以把事业搁置一段时间，去做一份兼职工作，或在家工作，我相信这是值得去做的选择。当然许多女性（包括单身母亲和那些伴侣或配偶不能独自支撑家庭经济的女性）或许无法选择待在家中，只能去工作。无论你做出什么选择，在这本书中，你会找到具体的方法来最大限度地利用你的时间去和孩子在一起，尽可能地陪伴孩子；同时，我还会提供关于如何选择指导照料者的建议。

我明白决定如何选择并不容易。在决定家庭和工作的优先顺序时，女性会考虑很多问题：经济负担，独立自主的重要性，对职业生涯的负面影响，害怕对孩子感到厌烦，担心自己无法成为好母亲。

我们社会更注重经济保障和物质成功，而不是关注情感安全以及与亲人的关系。当我们选择追求更舒适的物质生活，而不是选择关注孩子或者我们自己的身心健康，这样的选择是否正确？你的孩子可能并不在乎是否能住更大的房间或是去佛罗里达度假，也想要的是你在他身边带来的安全感。我希望这本书能启发你去问问自己是否需要或者想要更多的经济资源，以及在孩子生命中的关键阶段，你是否应该专注于职业和物质上的成功。

在孩子小的时候，休假或缩减工作时间经常需要付出相应的职业发展代价。这就是现实。当我们决定要生孩子时，我们也需要承担照顾他们的责任，为他们做出相应的牺牲。接受更少的收入和更多的开销，与配偶或伴侣的关系的改变，与朋友相处时间的减少，属于我们自己的时间也会更少。正如杰奎琳·伯克所说的，如果我们能摆脱失去事业的恐惧，意识到我们和孩子在一起的时间是孩子的情感信托基金[3]，是对他们未来的投资，那么我们将会用不同的眼光看待如何利用我们宝贵的资源。

有了孩子会给人生带来巨大改变，女性的生活从此会大不相同。当我们有了孩子，就必须学会放下以往的一些偏见和不切实际的期望。在工作中，我听到许多女性谈论对成为母亲后"失去自我"的恐惧。她们害怕失去自己的地位和独立性，害怕在感情上和经济上依附于伴侣。她们为失去以往的生活感到忧伤，这是面对重大转变的一种自然和恰当的反应。有些改变是为了促进孩子茁壮成长所必需的，但如果母亲拒绝这些必要的改变，问题就出现了。母亲可能会过早地要求孩子在身体和心理发育成熟前就能独立自主。

许多女性说自己厌倦了照顾孩子，并以此作为理由来反对投入更长的时间陪伴孩子。如果不喜欢和孩子在一起，她们怎么能成为好母亲呢？每一段关系和每份工作都有令人感到厌倦的时候。然而，当母亲非常不想或厌倦跟孩子在一起时，这可能是母子关系困难的信号。如果你自己的母亲曾在育儿时感到不快乐、心烦意乱、不感兴趣或者沮丧，那么你在育儿过程中也可能会经历这样的内心挣扎。但值得庆幸的是，如果你能努力提高自我意识，花更多的时间陪伴并关注你的孩子，你就有可能治愈自己，并改善你和孩子的关系。

职场妈妈可能会考虑通过休假或缩减工作时间来照顾孩子，事实上她们很难获得相应的支持和鼓励。美国不同的州、不同的公司会有不同的制度，并非都会给新手父母提供带薪休假。大部分公司文化会迫使新手父母尽快返回工作，拒绝提供弹性工作时间或其他创造性的选择（即便是很有限的时间）以便新手父母能把抚养孩子放在优先位置。公司和政府可以做更多事，比如制定政策延长产假，提供弹性和兼职的工作。"妈妈轨迹"已经变成一个忌讳的字眼，它本来可以也应该是雇主留住有价值的员工的一种方式，当新手父母准备把更多的时间和精力放在工作上时，它能为他们提供一种回归工作的途径。

我希望这本书能抛砖引玉，让大家重视我们的选择所带来的影响，尤其是当我们忽视某些影响会带来的危害时。我们都需要更多地与他人建立联结，更多的思考，更多的自我意识，这样我们才能满足孩子的全部需求——花更多的时间与自己所爱和所需要的人在一起，更多的照顾，更多的关注。我希望女性和男性，决策者和雇主都能够参与这次对话，认识到母亲在孩子生活中所扮演的重要角色，并使女性在对孩子最重要的时期能够尽母亲的职责。

第二章 揭穿关于现代母亲的谬论：做更好的选择

对女性来说，母亲的角色是最容易产生不同观点、引发讨论和争议的。我们受到来自专家、家庭、朋友和媒体各种互相矛盾的信息的狂轰滥炸，接收到的信息有些是正确的，但大部分我们所相信或被灌输的信息都不正确。当我们相信这些普遍的存在错误观念，并根据这些错误观念来对事情的优先次序做出选择，这会对家庭和我们自己产生负面影响。

关于母亲角色的一个普遍真理是，这是任何人都能从事的工作，是最难也是最有意义的工作。做母亲不是一种要求，也不是一种义务，而是伴随着巨大的责任和快乐的特权。生小孩的能力和成为好母亲的能力是不一样的。许多女性生了孩子却不清楚要投入很多精力以使孩子获得健康的情绪发展，并具有安全感和承受力。孩子的幸福（以及我们自己作为母亲的幸福）取决于母亲是否理解孩子的真正需求，是否能竭尽全力满足孩子的需求。

让我们看看那些关于育儿和母亲角色普遍存在的错误观念及真相。

误区 1：你能成为一位完美的母亲

不存在完美的母亲，也不存在完美的小孩。有的母亲和孩子性格匹配，有的不匹配。你可以把母婴关系看作一种舞蹈，如果你和你的搭档风格互补，那么作为一个团队，你们的舞姿会更加流畅。例如，从容而有耐心的母亲和安静的宝宝，焦虑的母亲和安静的宝宝，或是从容而有耐心的母亲和脾气暴躁的宝宝，育儿过程都会相对顺利。然而，通常母亲和宝宝的性格是不太匹配的。如果非常焦虑的母亲碰上敏感、易怒的宝宝，或者希望和宝宝亲密接触的母亲遇上性格孤僻的宝宝，母亲可能会觉得被拒绝、不能胜任、郁闷。当宝宝出生时，我们会想象宝宝以后是什么样的，作为母亲我们会是什么样，但是我们不能预测宝宝将会有什么样的性格或者你们的关系是否能很快协调好。更重要的是如果你们的性格并不那么匹配，你如何理解、接受和满足宝宝的需求。

通常女性对怀孕或分娩有着很高的或是不切实际的期待。许多女性都期望在她们怀孕和育儿的过程中不会有身体不适、不安或消极情绪，而且充满快乐和愉悦感。事实上，育儿过程中确实是有很多令人愉快的部分，但是像生活中所有的挑战一样，育儿在某些方面也会令人不舒服。我们也许会喜欢怀孕的过程并感受我们的宝宝在胎动，同样也会讨厌肿胀的感觉或走路困难。当我们第一次见到宝宝时可能会感受到一股强烈的爱，但是我们讨厌分娩的过程，特别是如果有并发症或当我们计划自然分娩时却需要剖腹产。我们可能想母乳喂养，但刚开始可能会令人沮丧，身体上感到疼痛，压力重重，直到我们（和宝宝）找到窍门为止。

育儿不是一种可以达到完美的艺术。完美是人为设定的目标，是无法实现的，重要的是我们要尽自己最大的努力，根据实际情况，为孩子提供最好的机会，以确保孩子的身心健康。我们可以成为儿科医生唐纳德·温尼科特说的"足够好的母亲"[1]——关注孩子需求的母亲同时也是会犯错误的普通人。在《今日心理学》杂志的一篇文章中，詹妮弗·昆斯特博士把足够好的母亲描述为"压力下的母亲……她是无私的也是自私的……她有很强的奉献精神也很容易产生不满……她不是拥有无穷力量的，她可以真实地面对自己"。昆斯特还说："真实的母亲就是最好的母亲（也是唯一的）。养育孩子并不需要完美的母亲。"[2]

努力变得更好是人类的本能，但是过度追求完美就完全是另外一回事了。当我们追求完美时，我们会竭力实现父母对我们的期望。我认为完美与低自尊有关，它经常被那些努力想要实现良好自我感觉的人所使用，在此过程中，他们对于自己所做的事以及期望的目标有不切实际的标准。

当来访者或朋友问我如何养育一个健康的孩子，我会告诉她们，在有孩子之前尽可能地去了解自己以及自己对母亲的感情；对孩子的需求要有同理心并且尽可能地去回应孩子的需求，不要犹豫徘徊。我告诉她们去加入一个能够支持和鼓励女性的女性组织，以使她们能够更好地养育自己的宝宝。些许担心是正常和必要的，但太多担心会让宝宝产生焦虑感。

这是否意味着你不会犯错，不会做错事、说错话吗？当然不是！母亲接受自己的不完美，在错误中学习才会变得更好；有自我意识，通过回顾过去来了解现在。就像我对自己孩子说的那样，只有当我们不能从错误中学习时，错误才是问题。如果我们伤害了爱人或朋友，我们需要做的是反思我们的行为和沟通方式，及时进行弥补。这个道理同样适用于我们的育儿过程。

努力变得更好意味着勇往直前，有勇气去做不同于周围人的事，因为这对你和你的家庭来说是正确的选择。要知道自己的目标不是成为完美的母亲或是培养完美的孩子，而是成为孩子需要的母亲，这样孩子才会有健康的情感和安全感。

误区2：要成为一个好母亲就要放弃自己的需求

做母亲要做出牺牲？是的，毫无疑问。工作、家庭、朋友、打理家务和社交活动都需要我们花费时间和精力，人们以忙碌为自豪。如果我们有时间转换器那就好了，就像《哈利波特与阿兹卡班的囚徒》里的赫敏·格兰杰一样，神奇的计时器能让她在一天中比在实际的时间里做更多的事，她可以同时出现在两个地方。但是很遗憾，时间转换器是虚构出来的。如果我们的生活被各种事情填满（或者我们认为生活需要如此），那么即使是最有条理的人也没有时间做完所有的事情。

女性们被告知，她们可以同时做所有的事，这也是很多女性给自己定的标准。我认为这简直荒谬。女超人是一个漫画角色，据我所知，女超人在拯救世界时没有小孩。你的时间和精力不是无限的资源。要照顾好

> 你的时间和精力都不是无限的资源。

自己就需要重新考虑自己的需求，重置你的优先事项。如果你已筋疲力尽，在情感、精神和身体上感到枯竭，你不可能成为一位好母亲。例如，如果你一整天都不给自己留点时间，如果你的小孩难以入睡，你可能会变得焦虑和不满。正如飞机乘务员告诉我们的：在给孩子带上氧气罩前先给自己带上。

在我的专业领域，我们常说所有的事情都与强度和程度有关。如果你优先选择自己和孩子的健康与幸福，那么你很难从事一份需要你投入所有体力、脑力、情感及大部分时间的工作。如果工作或其他责任消耗你所有体力和情感资源，你哪有时间和精力留给自己和孩子？

作为婴幼儿的母亲，你可能需要重新考虑你在工作或其他活动上花费的时间和精力。你可能需要伴侣在家承担更多的责任，你的家里不可能保持整洁无瑕，有时候你的晚餐可能是炒鸡蛋和冷比萨。那又怎样？宝宝需要妈妈，妈妈需要照顾好自己才能更好地照顾宝宝。其他所有的事情都可以协商。

误区 3：全职妈妈比职场妈妈更有利于孩子的心理和情感健康

母亲角色就是工作。不这么看则是贬低妈妈们所做的事。其实我讨厌全职妈妈这个词。女性选择大部分时间来养育小孩并不是要一直待在家，妈妈不可能也不应该一周 7 天、一天 24 个小时都和孩子待在一起。

> 母亲角色就是工作。

她应该找出时间来滋养和照顾自己，去做指甲、上瑜伽课或是去公园里散步。她应该花些时间离开孩子，和朋友、和伴侣在一起。如果她需要或是想要回去工作，她也仍然可以把孩子放在优先的位置（关于这一点，我会在第五章讲更多的内容）。当我的孩子刚出生时，我会有 6 个月的时间不工作。然后慢慢回到工作，一天工作 1.5 小时，每周工作 5 天，通常通过电话来工作。当我最小的孩子 3 岁时，我每天工作 3 个小时。

我帮助过的所有妈妈中，没有人因被指责为坏妈妈就能有好的转变，用同理心和共情的方式会帮助所有的母亲变得更好。在理想的情况中，职场妈妈会尊重和赞赏全职妈妈的选择，全职妈妈也能认识到职场妈妈（无论她们是否必须这样做去支持她们的家庭）并不是抛弃了她们的孩子。

妈妈的陪伴不仅仅是身体上的，而是在身体和情感上都能够支持孩子。如果妈妈长时间工作，一天中只有很短的时间能看到孩子，她们和孩子在一起时就很难和孩子建立起情感联结。安娜·弗洛伊德和多罗茜·伯林厄姆在关于战时托儿所的研究中发现[3]，孩子长时间和母亲分离会受到负面影响和并产生抑郁、焦虑等症状。杰·贝尔斯基和大卫·埃格发表在《婚姻与家庭》杂志上的一项研究发现，职场妈妈的孩子比那些在前三年妈妈全职在家的孩子更容易表现出行为问题和不安全感[4]。

然而，全职妈妈可能会对照顾孩子感到厌倦；对孩子的需求不再敏感；因照顾孩子而感到不堪重负；被电话、平板电脑或计算机吸引；忙于其他社会或家庭责任；或者感到抑郁，情感上疏离孩子——这些其实就跟妈妈长时间离开家不在孩子身边一样。美国国家心理健康研究所在1998年的一项研究发现，心情抑郁的妈妈，其孩子表现出焦虑和攻击性行为迹象的比率远高于心态好的妈妈的孩子[5]。

所有职场妈妈和全职妈妈都应该努力在孩子生命的前三年尽可能多地待在孩子身边，并且当她们在分离后重新回到孩子身边时能够尽快修复母子关系（我会在第五章中介绍一些方法）。

误区 4：情感依恋出现在宝宝出生后的 3 个月

在我的工作中，妈妈们经常告诉我她们会在孩子出生后的前几周和孩子建立亲密关系，然后就可以长时间地返回工作或离开孩子。我想纠正一下：情感依恋并不会在孩子出生 3 个月后结束。情感依恋在孩子 1 岁前是一个持续的过程。对安全型依恋的研究表明，孩子如果在出生后 4 个月未建立起安全的依恋关系，他们在 1 岁时具有不安全型依恋的概率更大[6]。这并不意味着孩子 4 个月大后母亲就可以离开，并以为安全型依恋能够继续保持。据母婴研究者丹尼尔·斯特恩介绍，联结可能在孩子出生后的几小时或几周内建立，但安全型依恋需要在孩子出生后 1 年内进行持续维护[7]。

这种联结与温血动物世界里的印刻（Imprinting）现象相类似，但并不完全相同。二者有共同的目标，即孩子对母亲（或母亲的替代者）的识别，认为母亲可以为自己带来安抚、保护和食物。在动物身上，印刻行为在动物出生后即发生（当然，大部分的动物宝宝在出生时比人类宝宝发育成熟度更高）。著名的动物学家和动物行为学家康拉德·劳伦兹以小鹅的实验而闻名。小鹅刚一孵出就把这位动物学家当作它们的母亲，他走到哪里它们就跟到哪里[8]。如果人类也是这样简单就好了。

联结现象在人类当中并不总是在短时间内建立的。对于一个期待成为母亲的女人来说，当她知道怀孕时和孩子之间的联结就开始建立了。对于孩子来说，当他在子宫里开始意识到母亲的声音时，联结就开始了。一旦孩子出生，这个过程就需要一定的时间（几周），同时也需要母亲和孩子之间尽可能早的肌肤接触、听觉刺激和眼神交流。需要反复强调的是：建立联结的过程可能会很快发生，也可能需要几周，但如果母亲不在孩子身边，则不会建立联结。患有产后抑郁的母亲或是婴幼儿期受过创伤的母亲，建立联结的过程可能会需要超过 3 个月的时间。某些情况下，母亲和孩子之间可能永远不会充分地建立起联结。

依恋发生在联结建立之后，这两个过程是不可分割的。依恋出现在孩子出生后的前几个月，但是母亲在孩子出生后 18 个月的持续陪伴是使孩子在情感上获得强烈而持久的安全感的第一步。这种安全感构成了孩子在接下来人生中自我意识的基础。联结是把各部分拼接起来，依恋则是把他们黏附在适当的位置。

很多女性想要尽快与她们的孩子建立依恋关系，因为她们只有 6 周（甚至更少）的产假。有时母亲们会为离开岗位太久而担心，因为她们害怕丢掉工作，或者怕被认为缺乏进取心或责任心。当她们感到没有和孩子建立起依恋关系时，又会感到挫败。

依恋关系的建立需要花好几个月的时间。想象一艘停靠在码头的帆船，海水波涛汹涌。海水不断把帆船冲离码头，你则努力地拉着帆船直至最猛烈的风暴消退。可以把孩子生命的前 18 个月想象为汹涌的波涛，而你就是码头。有较多时间去和孩子建立依恋关系的新妈妈可能压力会小点儿。有些妈妈能很快了解她们的孩子，但是有些妈妈却需要花更多的时间来读懂孩子的暗示。

需要尽快建立依恋关系的压力是造成产后忧郁的一个诱因，如同要立刻回到工作中的压力一样。当你感到很快将要离开孩子时，建立依恋关系就会变得更难，你会因为要在截止日期前建立起依恋关系而感到焦虑。当妈妈们知道必须要回去工作时，她们经常会不由自主地害怕与孩子间的依恋太紧密。想象一下，如果你在美国的约会对象将在两个月内离开去澳大利亚居住，你会让自己和他建立何种程度的依恋关系？针对产假政策的众多争论中非常激烈的一个，就是关于宝宝情感发展和母亲心理健康之间有着怎样的关系（在第十章我会更详细地讨论这个问题）。

误区 5：孩子小的时候，所有的照料者都一样

从本能的、生物学的和情感的角度来说，母亲和孩子之间的联结是独一无二的。宝宝们一来到这个世界，就知道母亲和其他人的区别。对于宝宝来说，母亲的声音、气味以及看着他们的眼神都是与众不同的。宝宝对周边环境的适应能力超乎很多母亲的想象，因此，母亲的存在从一开始就是至关重要的。事实上，6 个月大的宝宝就会因为母亲不在身边或是离开他们很长一段时间而感到伤感。心理分析学家梅兰妮·克莱因相信伤感是每一位婴儿都会经历的[9]。情感依恋专家约翰·鲍比认为分离焦虑是孩子正常成长的一部分[10]。克莱因还说母亲可以通过情感上的陪伴来减轻孩子的伤感。

> 伦敦心理分析学家詹姆士和乔伊斯·罗伯森写道："如果孩子在如此强烈而深切地依恋母亲的年龄被夺走了母亲的关爱和照料，就好像他的世界已经支离破碎……2 岁的孩子缺乏理解力，也完全无法承受挫折，就好像他的母亲已经去世了，他会产生强烈的失落感。"

这不意味着当母亲不在时，孩子不能由其他的亲人和照料者来照顾他。但母亲、父亲和照料者是不可互换的。

许多研究人员现在都用"主要养育者"来形容孩子的主要照料者，给予男性或女性养育者同等重要的地位。然而，这就否定了母亲对婴幼儿的独特重要性。当失去母亲或母亲不在身边时，孩子会为这种缺失而悲伤。如果我们要接受由其他照料者来代替母亲，那么我们就需要承认孩子可能会感到失落，而否认这点会导致额外的痛苦。在一个没有母亲的家庭里，父亲是主要的家长，他就必须扮演一个敏感的养育者的角色（我会在第六章就此进行更详细的阐述）。

误区 6：新生儿是无趣的，等宝宝可以互动时我再和他在一起

当母亲们说他们的宝宝很无趣时，我通常把这当成是焦虑和抑郁的症状。许多母亲喜欢年龄更大点的、更独立和更具互动性的孩子，因为她们对婴幼儿没完没了的需求和依赖感到厌倦。这可能源于她们自己儿童时期未解决的缺失和痛苦。无论何种原因，当母亲感到宝宝无趣时，为了新生儿和母亲，应该首先找到问题根源并克服它们。

坦白说，社会告诉女性要生小孩，但是并没有告诉她们这是她们最艰难、也是最重要的工作。照顾小孩是一件使人筋疲力尽、令人沮丧、无法安眠的事情，需要奉献和牺牲，这件工作的难度超过以往她们所遇到的所有挑战，并且没有周末和休息日。从一开始，宝宝就要求他们的母亲不断地、无条件地给予，而没有太多的回报。这需要有承受巨大压力的能力，最有耐心的母亲甚至也会被逼迫到精神崩溃的边缘（在第四章中我会讨论更多的细节）。

与过去相比，医学和科学的进步（比如抗生素的发明）能保证更多

的宝宝健康成长。在1900年，儿童最大的杀手是肺炎与流感。今天，与慢性压力相关的疾病已经取代了传染疾病对儿童的威胁。早期的生活压力会影响宝宝身体健康，并造成社交、情感和认知能力的损伤，进而影响他们今后的人生[12]。

最初的几周，宝宝除了吃、拉、睡，似乎什么也没做。但是事实并非如此，宝宝每秒钟建立40000个突触连接（大脑中的神经元的连接[13]）。最大的误区之一就是认为新生儿到6周大时才会笑，而你看到任何看起来像微笑的表情都是假象。事实上，在出生后的42个小时，宝宝就有模仿他人的能力。如果你对宝宝微笑，你的宝宝也会对你微笑。这种镜像行为是沟通和共情的基础。宝宝在出生的第一年脑容量就会翻倍。加利福尼亚大学洛杉矶分校医学院的人际神经生物学教授阿伦·斯霍勒博士认为，这种令人惊奇的大脑发育依赖于和母亲的社交互动[14]。

母亲（或主要照料者）与宝宝之间的关系是通过细小、微妙的互动建立起来的，这需要耐心地、仔细地关注宝宝的暗示。这种耐心和从容在我们现代社会中不被看中，相反，现代社会需要的是速度、明显的效果和进步，而不是关注细微之处。

误区7：如果我厌倦了照顾宝宝，最好找一个喜欢照顾他的 人来照顾

这是事实，但也是个误区。当一位母亲离开孩子回到工作时，她可能会因为外部压力而这样做，比如社会或文化的期望，对物质的追求，或现实的经济需要，抑或是内心冲突使她感到焦虑和害怕而无法养育她的孩子。

我相信母亲作为孩子的主要照料者是对孩子最好的，在孩子3岁以前母亲应该尽可能地亲身陪伴孩子，并给予情感安慰。这不是意味着她

必须每时每刻都陪伴着孩子，或是在孩子醒着的时候一直与他互动，这也不意味着母亲不应在外面工作。但是，科学告诉我们，在这段时间里母亲花越多的时间和孩子在一起，孩子就会越快乐并拥有更健康的情感和身体。

没有人是完美的。感到厌倦、挫败，甚至有时候对是否应该成为一个母亲感到矛盾都是很正常的，但是当厌倦、矛盾和挫败成为母亲角色的主要感受时，离开孩子是避免这些不舒服的感觉的一种方法。社会告诉母亲她的感觉是合理的并且可以接受的，从而认可她的选择。事实上，经常性的厌倦和矛盾心理通常是焦虑和产后抑郁的信号，这应该着手解决而不是被接受和被漠视。

感到厌倦应该是一种信号、一个严重的警告，说明有些事情是错误的，不应该被忽视而应该给予高度的重视。当一位儿科医生或护士听到新手妈妈说"我感到厌倦"，这应该是这位母亲需要帮助的信号，她可能没有和宝宝建立起联结和依恋。我会在下一章讨论这个问题，但是可以说，如果一位母亲和她的宝宝在一起时感到厌倦，她需要的是对她情感上的帮助而不是被鼓励离开她的孩子，回到工作和其他的活动中去。

在心理学分析领域，许多人会说，宝宝由一个快乐的照料者来照顾，比和一个无论出于什么原因宁愿待在其他地方的母亲待在一起更好。原则上我不反对，但是我也不认为我们应该这么快地放弃这一至关重要的关系。这正是应该开始和母亲一起努力的时候，而不是鼓励母亲在她们感到抑郁时把她们的孩子交给别人照顾，我们应该帮助那些母亲来调节她们的抑郁情绪，尽可能去促进依恋的建立：当婴幼儿们需要一位能享受照顾他们的主要照料者时，这个照料者是他们的母亲是最好的。

然而，如果一位母亲患有严重的抑郁症或是因为自己的经历和缺失在精神上受到伤害，导致她不能或是不愿意照顾她的孩子，或是有可能伤害到她自己或她的孩子，那么选择另一个照料者不仅是合适的还是重要的——为的是帮助解决问题。

误区 8：如果你做兼职工作，最好的选择是减少工作天数但是延长每天的工作时间

每周工作三天，从早上八点到晚上六七点，然后在家里待两天，这听起来对于回到工作的母亲似乎是最好的选择。事实是这样的安排对于母亲和孩子都没有好处，也不利于工作。多伦多大学士嘉宝校区组织行为学和人力资源管理副教授约翰·特劳加科斯认为，我们的大脑有一个资源有限的心理能量池，一旦池水枯竭，"我们做任何事的效率都会降低"[15]。

即使在最好的状况下，全职工作对于母亲来说都是很困难的。对于孩子来说，这肯定不是最好的情况，母亲在办公室工作一整天后已经耗费了她所有的情感能量。

这并不是说宝宝们不能应对一些和母亲分离的状况；对于母亲和宝宝来说，短暂的分离是正常的和健康的。问题是分离的时间长短以及宝宝如何应对这些分离状况。每天一小段时间分开对于婴儿来说是比较好的。这种方式可以让你和宝宝不会有太长时间的分离。

> 对于母亲和宝宝来说，短暂的分离是正常的和健康的。

大多数的幼儿园都同意给 2 岁或 2 岁半的孩子提供一天 3 个小时的半天课程，认为在这个年龄段长时间的分离对于孩子来说太有压力了。根据父母需要，育幼院为 2 岁以下儿童提供日托服务，这更多是因为经济驱动而不是基于孩子心理方面的考虑。

误区9：优质时间优于大量时间

大量时间和优质时间对于培养情感健康的孩子都是必要的。如果你不在孩子身边，你也不可能给予孩子情感上的陪伴。用专注的优质时间来代替长时间的陪伴看似有效，但不是真正的有效。

2015年5月，弗兰克·布鲁尼在《纽约时报》发表了一篇专栏文章，精彩地论述了关于优质时间的误区："父母亲身的陪伴无可替代……我们经常会用一些陈腐的说法来欺骗自己，当我们推崇"优质时间"，我们倾向于相信我们可以在指定的时间里建立亲密关系……但是人们并不是在那个时候就能进入状态的。要看到最亮的颜色或是最暗的颜色，最可靠的方法就是观察、等待、做好准备。"[16]当布鲁尼提到"人们"的时候，我们应该记住也包括婴幼儿们。布鲁尼提出越来越多的公司为父母提供更长的假期，但是有多少人会认为"陪伴的时间和强度一样重要"[17]，并且像对待他们的事业一样愿意在他们的家庭中投入大量时间，还尚无定论。

宝宝的生理、认知和情感发育，都在按他的时间表而非你的时间表进行。当你没有和他在一起的时候，你错过的不仅仅是孩子身体发育的里程碑：宝宝迈出的第一步、会说的第一个单词；你也错过了他情感发展的重要阶段。情绪调节是一个即时的过程。母亲们经常会幻想宝宝在她们离开时情绪会处于暂停的状态，但事实并非如此。设想你的宝宝在情感的海洋里是一艘船，海洋在某一刻是风平浪静，在下一秒就变得波涛汹涌。你的存在就是使船不会剧烈摇动或被淹没。

> 情绪调节是一个即时的过程。

当宝宝感到痛苦或是害怕时，他想从你那里获得安慰。你的陪伴和持续的回应给了他所需的安全感，让他能够以一种健康的方式与你分离。

宝宝不理解改变。不断变换的照料者或日托工作人员都以不同的方式回应他，他可能会退缩，或因害怕而变得胆怯或有攻击性。

小时候，母亲告诉我午夜前的每 1 个小时睡眠等于午夜后的 3 个小时。实际上这可能是她让我入睡的一个方法，但是从这件趣事中也可以学习到一些东西。根据皮尤慈善基金会的数据，典型的职场妈妈平均每天花 90 分钟和她们的孩子在一起[18]。说实话，对于大多数在外工作的母亲来说，结束一天漫长的工作之后，陪伴孩子的这段时间她们很少处于最佳的状态。当我们很累的时候就会变得缺少活力和耐心，几乎没有多少情感和体力来满足一整天都没有见面的婴幼儿的需求。宝宝并不清楚你在工作中不顺利或是遇到了糟糕的交通状况，也不知道你还要洗衣服或是需要给你自己留一点时间。

对于必须要工作或是离开宝宝的母亲，她们与孩子在一起的时间是非常重要的。有很多方法可以提高母亲和孩子在一起的时间的利用率（详见第五章），尽管我们希望并努力去陪伴孩子，但总会在某些时候我们无法在情感上陪伴孩子或是在有限的时间里给予孩子他所需要的。你能陪伴孩子的时间越多，你就越有可能了解他的需求，以及什么最有利于他形成自我意识和内在的安全感。

误区 10：母乳喂养的最大价值是营养

一个离开孩子几个小时（或几天）的母亲告诉我，她的小孩已经获得了母乳喂养过程中最好的部分，因为孩子喝的是她提前挤出来的母乳，而我并不赞同。的确，如果你能做到，母乳喂养是很重要的。母乳不仅仅是宝宝最好的食物，母乳喂养的过程也是你不曾有过的和他人的最亲密关系。当宝宝吃奶时，他必须努力吮吸并开始学习忍受一些挫折，这是重要的成长里程碑。即使吮吸最好的高科技人造奶头也没有同样的体验。

世界卫生组织推荐所有的宝宝都应该被母乳喂养至少一年[19]。母乳中含有能保护宝宝不受疾病侵扰的抗体，并降低过敏的风险。出生后的6个月内被母乳喂养的宝宝较不容易患耳部感染、呼吸系统疾病和腹泻。

虽然母乳的营养非常重要，比配方牛奶更好，但它并不是母乳喂养中最重要的部分。母亲在她离开宝宝的时候将奶泵出来留着喂宝宝，这是给孩子很好的礼物。但是喂奶过程对宝宝和你来说都是身体和情感方面的双重体验，这点也是那些没有母乳喂养或者收养孩子的母亲难以体验的。

不论你是母乳喂养还是奶瓶喂养，身体上的亲密接触都是养育孩子的重要部分，而身体上的亲密接触是为宝宝提供良好喂养的关键。许多母亲和护理人员在喂养宝宝时不会进行身体接触或是进行眼神交流。有太多人把注意力放在她们的手机上，当她们把奶瓶放进孩子嘴里时就把孩子脸转过去，或是把奶瓶撑起来这样宝宝就能自己喝了。母乳喂养的一个美妙之处在于，当你给宝宝喂奶时，逻辑上来说你不可能不面对着宝宝。把自己想像成宝宝：你紧紧地躺在妈妈的怀抱里，奶头含在你的嘴里，感觉安全可靠；当她全神贯注地看着你，爱抚着你，把你紧紧抱在怀里，你渴望地看着她漂亮的眼睛；你听到并感觉到自从妈妈怀孕后你就知道的那种令人心安的心跳；当你的肚子里装满了美味的奶水，你感觉非常满足，安静地睡着了。

当你喂养孩子时，他获得的不仅仅是物质营养。孩子对爱和安全感的第一次体验是在妈妈的怀抱里。宝宝通过观察你的态度和面部表情，倾听你声音的音调和旋律，感受你皮肤的温度和质感来学习如何与你交流。如果你或其他照料者只是拿着奶瓶喂孩子，没有抱着和搂着他，或是没有眼神交流，那么宝宝就获得不了情感上所需要的东西。这种多感官的体验对于婴幼儿大脑情感部分发育很有帮助，不论你是母乳喂养还是用奶瓶喂养。

误区 11：应该尽早发展孩子的认知能力

一些母亲对宝宝各个方面的发展都有好胜心，她们比其他人更早地把精力投入于孩子发展的关键阶段。荷兰莱顿大学教育和儿童研究学院的科学主任朱迪·麦斯曼教授专门研究跨文化育儿。麦斯曼告诉我她在 YouTube 上看到教父母如何给孩子翻身的视频，这些似乎是美国独有的。所有正常的宝宝在某个时刻都会翻身，但在他们感兴趣或准备好之前就让他们尝试这样做，既无必要也不健康。

在一个将孩子学业成绩视为父母能力指标的社会里，父母普遍关注孩子的认知能力的发展。3 岁以前，把注意力集中在孩子的认知发展（左脑）而不是他的社会情绪发展（右脑），就像先穿鞋子后穿袜子一样，不仅鞋子不合脚，还会把袜子穿坏。

孩子出生后的头三年非常关键，主要是通过情感依恋、玩耍和非语言的交流，来开发孩子的右脑，促进情绪健康以及社交发展。右脑的开发，如培养理解社交暗示以及与他人交往的能力，形成持久的情感联结，这些为后来的认知发展奠定了基础。没有这些基础，孩子可能无法承受以后在学习中遇到的挫折和错误，也没有从错误中迅速恢复的能力。

学前教育倾向于基于游戏的社会情感发展，而不是左脑认知发展，这就是承认了开发右脑的重要性。想象力和创造力也是右脑功能的一部分。当父母将游戏和人际互动替换成小小爱因斯坦和闪卡等电子早教产品，他们其实阻挠了孩子进行充满想象力和创造性的游戏，而这些游戏可以帮助孩子克服恐惧、愤怒和沮丧等情绪。孩子能够阅读或做数学题可能会满足父母的愿望，但一篇发表在《教育心理学》杂志上的纽约大学教育学院的研究报告显示，那些可以完成一些阅读任务的宝宝其实并不懂阅读，尽管父母们以为他们会阅读[20]。

这并不是说你不应该给宝宝读故事，和孩子一起听音乐，但这些活动中最重要的是互动而不是认知。当这样做的时候你要明白，你是在开发他的右脑和情商，而不是认知能力。这是一件好事。

误区12：我抱着孩子就会宠坏他，他应该要学会独立

宝宝在你的身体里已经有9个月了，就像浮在一个温暖的浴缸里，从不寒冷，从不饥饿，外面世界的声音听得不太清楚，妈妈的心跳声让孩子得到安抚。当宝宝出生时，不仅身体暴露在外界且很脆弱，而且正如精神分析学家埃丝特·比克所说，宝宝还缺乏一种精神的"皮肤"来应对外界的刺激和困难[21]。在宝宝出生后的6个月里，母亲的职责就是过滤外面的世界，保护你的宝宝直到他学会如何应对新的、令人困惑的、经常令人感到压力的环境。

"溺爱"是一个经常用来形容婴幼儿被惯坏的武断的词。我认为这个词应该用来形容那些未冷藏放置的牛奶（英文"溺爱"一词spoiled还有"变质"的意思——译者注）而不是用来形容宝宝们，特别是那些1岁以下的宝宝。当母亲难以安抚她的宝宝或是不理解宝宝需要什么，抑或是因为孩子的依赖而感到沮丧时，通常就会使用这个词。我发现父母说自己的孩子被宠坏或要求过多时，他们通常会用相似的措辞。当你感到压力很大时，你责备宝宝总是需要的你的时间和关注，这是可以理解的，但是宝宝有什么选择呢？如果你不满足宝宝的需要，他通常只会通过哭来做出反应，来告诉你他不舒服或不高兴。

从生理和进化的角度来看，几乎3岁以前人类都需要母亲的照顾。分娩困境假说认为我们在母体中成长9~11个月就出生其实太早了。一个学派则认为这是为了使我们相对庞大的头颅可以通过产道，另一个最

近形成的学派认为母亲没有足够的精力支撑超过 9 个月的宝宝[22]。

在出生后的头三年里，宝宝需要尽可能多的关爱、呵护、拥抱、安慰和照顾。巴伊兰大学研究人员 2009 年发表的一项研究表明，触摸可以降低母亲和宝宝的皮质醇（应激激素）水平。母亲越多地抱着宝宝并回应宝宝的情感暗示，宝宝就越放松（母亲也如此）[23]。这也证实了美国国立儿童健康和人类发展研究所史蒂芬·索米博士等人关于灵长类动物的研究[24]。太多的皮质醇会给免疫系统和大脑的发育带来不良影响，还会带来患糖尿病和心脏病等疾病的长期风险。麦吉尔大学的一名研究学者迈克尔·明尼发现，母鼠越多地舔舐和照料孩子，它的应激激素就越少，宝宝在日后的生活中面对压力就越能适应。根据明尼的说法，不管什么物种，后代拥有安全感，就会分泌出更多的生长激素和更少的应激激素。母亲情绪的健康以及对孩子的回应能力将决定后代的健康[25]。

在宝宝出生的第一年，哭是因为他需要你为他提供生存必需的东西，并且他还不能安抚自己。哭这种能力并不是与生俱来的，这是他从让自己的需求得到满足的过程中逐渐学会的。哭是他表达需求的唯一方式，食物、换尿布、安抚，他完全依靠别人来满足这些需求。对于脆弱的宝宝来说，因得不到安抚而长时间的哭泣是不健康的。这就是为什么我认为在孩子出生后的前 6 个月，在孩子开始逐渐接受分离之前，对宝宝进行睡眠训练对于宝宝（和母亲）太残酷了，应该推迟到这个儿童发育过程中最脆弱的阶段之后。

宝宝 6 个月的时候，当你不能马上回应他时，宝宝的哭声会从绝望（妈妈马上过来吧，我很害怕，不能独自一人，如果你不来的话我就会死）变成不满（你现在就来，把我抱起来，要不我就一直哭，直到你过来，你听到了吗？），这表明孩子已经可以承受更大点的挫折。一些宝宝会比其他孩子更晚做出这些改变，特别是如果前 6 个月他们的妈妈没有给他们情感上的陪伴。

依赖性和安全依恋是真正独立的基础。在真正独立之前，孩子需要花很长的时间来依恋母亲。当宝宝认识到他在身体和情感上的需求都无法满足时，更有可能断开联结，在建立和维持健康关系方面就会存在问题。

误区 13：宝宝天生就具有情绪调节能力

艾伦·斯霍勒认为宝宝并非天生就具有情绪调节能力，而是天生具有可塑性[26]。宝宝生来就具有不同程度的适应能力以及对周边环境的敏感性；但是不论宝宝的性格是什么样的，情绪调节能力（即应对压力和逆境的能力）是由母亲持续的、慈爱的、安抚的、安全的陪伴所创造的（我会在下一章更多地讨论此内容）。

右脑的健康发展，控制着我们在生活中对压力的调节能力，是母亲在孩子前三年中所提供的依恋、联结和持续照顾的结果。

爱荷华大学的研究员格罗苏那·科汉斯卡发现许多宝宝天生具有对环境的遗传敏感性，他们更容易患精神疾病[27]。这些敏感的宝宝可能是那些从出生开始就很难被安抚的宝宝，那些很难和母亲建立起联结的宝宝，或是那些被认为有腹泄问题的宝宝。虽然所有的宝宝在前两个月消化系统都未发育健全，但有些孩子更容易被母亲认为患有肠绞痛。肠绞痛是消化系统问题，但是消化困难也和情绪敏感有关系。那些从一开始就很难建立联结的宝宝敏感性更强，这些宝宝往往会很难含住奶头或是喂奶困难。

这些婴幼儿如果在 3 岁前由母亲来照顾并且满足他们的需求，他们的成长发育会改善很多，他们会像没有敏感气质的孩子一样，同样有很大的机会拥有健康的情绪。然而，即使是最尽心、最有耐心的母亲也不可能一直安抚敏感的宝宝，她们需要一些帮助，因为照顾这些宝宝往往更有挑战性。懂得如何在情感上回应宝宝的替代照料者或者父亲，都可以为母亲和宝宝提供帮助。

第三章　母亲的陪伴意味着什么？

我们如何定义陪伴？

你和 1 岁的宝宝坐在地板上，离他很近，但是给他自己玩的空间。你经常和他进行眼神交流，慈爱地抚摸他。你看着他玩，轻声细语地逗他，观察并向宝宝描述他的情绪和行为。当他向你微笑时，你也向他微笑。当他目光移向别处或看其他物品时，你耐心等待；当他给出他已经准备好的提示时，你准备重新开始和他互动。

当他感到沮丧或者生气时，用你的声音和面部表情来回应他的感受。试着想象自己是个婴儿，在妈妈的陪伴下，第一次看着和摸着一个物品时的发现和好奇，这是很有帮助的。你很享受坐在地板上，和你的宝宝一起玩耍，并全心投入到这段体验中，而不去想着水槽里的盘子或者你的电子邮件。

你和宝宝就像在共舞，这是一段关于联结和间隔，依恋和分离，接触和分开，破裂和修复的舞蹈。有的时候是宝宝引导你，你跟随他；有的时候是你引导宝宝，他跟随你。这种嬉戏和亲密，有助于宝宝的大脑发育和个性发展。要做到这一点，你必须全心投入其中，放开所有成年人会面临的各种分心和刺激。你需要专注于眼神交流、触摸、语调、面部表情、肢体动作，并留意自己的情绪和情感。

有时候你在和宝宝玩耍时会感到无聊或困倦，感觉没什么意思。这是很自然的，就像你的宝宝会把目光移开一会儿，定一定神，休息一下。只要等一等，这种时刻就会过去，你和宝宝就会重新开始互动。

牛津词典将存在（presence）定义为"现在的、出现的或是在场的状态或事实"。身体存在是最明显的存在，对孩子而言，如果没有母亲身体上的陪伴就不可能得到情感陪伴。然而，值得注意的是，即使母亲身体陪在孩子身边，也可能在情感上离开孩子。

陪伴孩子的时候，妈妈必须首先清楚并接受自己（有时会存在冲突）做母亲的感受。此外，在和孩子在一起的时间里必须把孩子放在第一位。这意味着在孩子出生后的头三年里不仅仅要花尽可能多的时间陪伴孩子，还要关注如何度过这段时间。我们习惯于同时做多件事情——在看电视的同时看邮件，在餐桌上偷偷憋一眼短信。麻省理工学院的神经学家厄尔·米勒的研究表明，分散的注意力不仅会破坏人际关系，也会给个人带来压力[1]。

存在也意味着情感上的投入。哥伦比亚大学比阿特丽斯·毕比博士和纽约社会研究新学院米里林·斯蒂尔博士，在情感依恋和母婴关系方面做了很多的研究。他们详细地描述了母亲的协调能力（Attunement）对早期发育的重要性。协调是描述宝宝和母亲情感交流之舞的另一种方式[2]。当我们跳舞时，我们需要一个在身边的、能回应的、互动的舞伴，否则我们基本上就是在独舞。这场舞蹈就是母亲如何帮助孩子学会协调关系以及使孩子获得安全感。

陪伴意味着在与宝宝相处的过程中寻找乐趣并能忍受那些无聊的时刻。在宝宝每日学习的过程中发现小事情的美妙和魅力。陪伴意味着快乐。

菲奥娜是一个瓷器制造商的销售代表。当她的第一个孩子出生后，在她丈夫和母亲的全力支持下，她决定不回去工作。孩子3岁前菲奥娜都待在家中，之后从事兼职工作。菲奥娜很喜欢怀孕和养育孩子的过程，认为能够在她四个孩子很小的时候陪伴他们是一种幸运。她打趣地说："如果有人伤害了他们，我宁愿是我自己而不是一个陌生人。"菲奥娜享受孩子成长的每一步，不论是多么小的进步。

"我喜欢待在家里，这样我就能时刻和孩子们在一起了。我喜欢看到他们眼中有新的东西，或是看着他们跟狗狗玩耍……我会和他们交谈，感受与他们之间的联结。这种交谈也许并不是理性对话，但在每一个小小的举动中，我都发现了同样有趣的东西。

最后，陪伴意味着如果母亲不能在孩子身边，当她回来时能对孩子的暗示很敏感，她能意识到她是否离开了太久或是她和孩子之间缺乏联结的时间太久。孩子们拥有超越年龄的智慧。他们生来就有自己的基本需求和发育速度，这是每个人都拥有的。

新学院情感依恋研究中心主任霍尔德·斯蒂尔博士引用玛丽·爱因斯沃斯对敏感型母亲的定义："能迅速地对孩子的痛苦给予恰当的照顾和关心。"[3] 当一位母亲陪伴在孩子身旁时，她能读懂并理解孩子微妙的（有时候不那么微妙）非语言暗示，她知道孩子需要什么以及孩子是如何应对分离的。母亲的敏感性会告诉她孩子这些需求是否得到满足，并且指引她在回家后如何帮助宝宝。例如，在和母亲分离后，宝宝变得非常焦虑、依赖人，或是不理睬母亲，敏感的母亲会意识到这是她离开太久后孩子的反应，她需要做一些补救。

我们并不是生活在一个完美的世界，有时候我们不能满足孩子所有情感和身体上的需求。当这种情况发生时，我们应该知道如何弥补他们未被满足的需求和修复我们满足这些需求的能力。你必须接受有些缺失是可以治愈的，有些是无法补救的。对分离的弥补会让宝宝情感上更加强大和更具有承受力。对于分离和暂时失去联结所造成的伤害，最有效的弥补方式就是立刻去处理，但是弥补伤害永远都不晚，即使孩子已经成年。我会在第八章论述母亲如何学习修复这些问题。

为什么母亲的角色是独一无二的?

在这本书中我关注的是母亲身体和情感的陪伴,而不是父亲和其他照料者的陪伴。作为一个心理学家,我始终认为母亲作为主要照料者是非常重要的。母亲的角色是独一无二的,不能和其他照料者的角色互换,无论其他照料者是多么慈爱、有价值的和必需的。

我们否认母亲对孩子特殊的、在情感和身体上的陪伴作用(尤其是在我们试图顺应现代潮流的时候),这种否认对孩子及他们的需求并不是最有利的。宝宝在各个方面都依赖母亲,比如获得食物、安抚、安全感,以及对内在和外在刺激和压力的管理能力。母亲帮助孩子(从刚出生到3岁)感受他们自己在这个世界的存在,这是很有意义的。母亲在新生儿成长中具有重要作用,哥伦比亚大学的迈伦·霍费尔将母亲称为"宝宝对环境所产生的心理反应的调节者"[4]。就像鸟妈妈喂食幼鸟一样,人类母亲帮婴幼儿"消化"强烈的情感和体验,并通过确保他们的情绪不会太激动也不会太低落来帮助他们开始学会如何应对问题。

现在,父亲比以往更多地参与到对孩子的抚养中,母亲独一无二和不可替代的观念似乎过时了。但是,有证据显示,男性和女性的生理学差异使他们的育儿方式有所不同。母亲在孩子生命早期独特的陪伴对孩子的情感发展和心理健康至关重要。

关于激素的研究与母亲的独特性

包括汤姆·英赛尔博士在内的美国国家精神卫生研究所的研究人员,已经证实了母亲所具有的敏感性和保护性特点分别与催产素以及抗利尿激素有关联[5]。男性和女性都产生激素,女性产生更多的催产素,男性产生更多的抗利尿激素。因为生理学差异，女性和男性在父母的角色上都是独特的，虽有不同，但是都很重要。

催产素被称为信任激素或是"纽带"激素，它有助于创建和加强母亲和孩子之间独特的纽带，在父亲和孩子之间作用较小。抗利尿激素则主要是在受到威胁时产生强烈的保护性反应，在孩子受到威胁时，你会在母亲或父亲身上看到这种反应。

催产素会在母亲生孩子和母乳喂养时产生，也在母亲在情感上陪伴孩子时产生。对人类来说，这意味着抚摸、注视、回应和安慰。埃默里大学医学院的神经学家拉里·扬指出："催产素受体主要集中在大脑的视觉关注、眼睛注视和听觉（听力）关注相关区域。眼神交流和面对面交流有助于建立这种联系。"另外，英塞尔发现催产素是产生信任、共情、人脸记忆和宽容的关键激素[6]。母亲在孩子身上投入得越多，她就产生越多的催产素，而越多的催产素会使她和孩子越亲密；换句话说，你越爱你的孩子，你就越具有爱孩子的能力。

"用进废退"对于形容催产素是很恰当的。英塞尔关于野鼠的研究表明，母亲的敏感性是一代一代传下去的[7]。扬的研究进一步证明了这一点[8]。英塞尔发现野鼠出生时带着一定数量的催产素受体，这些受体因母亲的养育而激活。如果母亲自己没有得到较好的陪伴和照顾，她们的后代不仅产生较少的催产素，而且大脑中催产素受体也更少被激活；随着催产素受体的减少，后代受到催产素的积极影响也减少了[9]。

埃默里大学的詹姆斯·里林博士对激素如何影响人类母亲和孩子的关系做了广泛的研究，催产素对母亲抚养和联结她的孩子有着重要作用，也是男性和女性养育风格的生理差异。他发现，雌激素和催乳素等激素会促进催产素受体的产生，通常会使"母亲立刻与她们的孩子建立联结"[10]。里林还发现睾酮水平升高会减少催产素。这或许能够解释为什么睾酮水平越高，交配的时间、精力投入则越多，但是养育的时间、精力投入却越少[11]。

我相信这似乎就能解释为什么那些非常好斗的或者睾酮水平较高的男性似乎共情能力相对较弱。这也表明了，虽然父亲也可以成为一个"足够好的"照料者，但表现出一定程度的共情对大多数男性来说并不是生理学的自然反应，而对大多数女性来说这是本能反应。例如，当蹒跚学步的孩子摔倒了、受了伤，大部分母亲的反应是立刻表示出关心并试图安慰孩子。父亲更典型的反应是鼓励孩子或是告诉孩子没事，他能够自己爬起来，继续走。这并不意味着父亲不爱孩子或者他们特有的养育方式和保护方式对孩子的身心健康不重要。这也很重要。如果孩子正在逃离追赶自己的人或其他危险人员，他需要在摔倒之后能够迅速地站起来。等孩子长大一些后，男性的养育风格有助于孩子自然地和母亲分离，并且独自探索世界。

以色列巴伊兰大学的鲁思·费尔德曼博士对催产素的研究表明，男性和女性在育儿方面存在着非常明显的生理差异。费尔德曼发现，父亲通常比母亲表现出更少的触摸、注视和共情行为。但是当父亲们通过鼻腔喷剂获得催产素，他们则会对宝宝有更多的触摸和眼神交流。他们总体上表现出了更敏感的父母行为，而他们的行为还比平常更有趣、更刺激。费尔德曼的研究不仅清楚地揭示了女性和男性之间在育儿方面的生理差异，还为不同家庭结构的人们提供了提高育儿技巧的方法[12]。例如，在未来，单身父亲或者两个父亲组成的家庭或许可以通过鼻腔喷催产素来改善他们育儿的敏感度。这些发现也引发更多关于如何指导父亲成为更敏感的育儿者的研究。

宾夕法尼亚大学的特雷西·贝尔博士对男性和女性大脑的差异进行了研究。贝尔研究了皮质酮的产生和对子宫内胎儿造成的压力，以及它如何对男性和女性的大脑发育产生不同的影响，这也许可以解释为什么男孩患孤独症的概率比女孩高[13]。"压力类型对产前和产后的特定影响是不同的，因为大脑的发育和成熟在出生前和出生后是不同的。"她的研究可能会提示女性在工作中可以承受多少压力，以及为了母亲和孩子的健康，母亲开始产假的最佳时间。

右脑发育和情绪健康

新科技使研究人员已经能够证明几十年来依恋研究者和精神分析学家的研究结果：在孩子生命中的前三年，母亲的陪伴和情感依恋对于宝宝的大脑发育至关重要，尤其会影响大脑关于社交部分的发育和应对压力能力的发展。先进的神经成像技术让我们可以观察和记录大脑发育和人类互动之间的关系，让我们捕捉到大脑的实时动态。功能性磁共振成像（FMRI）和近红外光谱（NIRS）的使用让研究人员能够观察到大脑的发育、血液的流动和大脑活动，让他们有机会更充分地了解大脑中以控制情感为主的右脑和压力调节区域（边缘系统，包括下丘脑、杏仁核和海马体）之间的关系。圣路易斯华盛顿大学医学院的一项研究表明，由母亲养育的学龄前儿童大脑里有更大的海马体，海马体是与学习、记忆和情绪调节有关的大脑结构。圣路易斯儿童医院的儿童精神科医生琼·卢比说："研究表明，人的大脑发育存在一个敏感期，在这个时期母亲的养育会给大脑带来更多影响。"[14]

加利福尼亚大学洛杉矶分校的尼姆·托特纳姆博士的研究表明，大脑有"发育的敏感期"，这是婴幼儿大脑中的社交区域发育的重要时间，她说："该阶段对杏仁核（大脑中帮助我们调节情绪并对恐惧做出反应的区域）神经结构的形成至关重要，并且对杏仁核与前额皮质（在人格发展中扮演了重要角色的灰质）的连接非常关键……成长早期阶段的事件会对未来的行为产生持久、强大的影响。"[15]正是在生命的前一千天中的这些敏感的时期里，养育环境对大脑可塑性（大脑在整个人生中通过改变自身的结构以应对身体和环境的变化的能力，包括学习的能力）的形成起着至关重要的作用。

这种复杂但是至关重要的早期大脑发育，不仅决定了调节情绪和应对压力的能力，还影响了各种非语言交流能力的发展，如共情反应和解读社交暗示的能力以及在情感上和他人建立深厚联结的能力。

艾伦·斯霍勒整个职业生涯都在研究情感依恋和右脑发育的重要性，他说："右脑是大脑中情感存在和被处理的区域，包括新信息的处理过程。"根据斯霍勒的研究，右脑是"非语言、无意识、整体的和主观的情绪信息处理"的大本营，也是"调节压力、主体间性、幽默、共情、怜悯、美德和创造力等高级人类功能"的大本营[16]。

我们愿意相信，当我们离开孩子时，他们"一切都好"，这样我们就可以尽快回到工作和社会生活中去。事实并非如此简单。在《儿童心理和精神病学杂志》上的一篇文章中，研究人员詹姆斯·莱克曼和 J. S. 马奇强调指出：所有的儿童都不能"复原"，现有确凿的证据证明在早期成长阶段出现发育不良和生理机能遭破坏的儿童数量正在迅速增加，从而导致儿童的心理健康水平在下降。[17]

当我们很难解释为什么被诊断为自闭症、多动症和其他社交和发育障碍的儿童数量不断增加时，我们必须考虑到这种增长可能和产妇压力的增加，以及母亲（和其他照料者）缺乏与孩子持续的、亲密的接触有直接关系。

养育的敏感性和孩子的抗压能力

在孩子生命的头三年里，孩子与母亲以及其他照料者的互动决定了孩子对他人和环境的反应模式，以及他个人应对环境压力的能力。母亲在这几年里的具有敏感性的养育和陪伴，对孩子整个人生中稳定情绪、处理生活压力的能力有很大的影响。这种早期的关系为一生的情感健康和稳定奠定了基础。

母亲对养育者角色的厌倦，以及（或者）她们的抑郁情绪、疏离、缺席等，都可能对婴幼儿发育造成不良影响。我告诉病人，厌倦是你对自己的母亲在养育自己的过程中所表现出来的情绪的记忆。因为她们的母亲在育儿中感到费力，这些女性通常在养育自己孩子时感觉更加艰难。

> 厌倦是你对自己的母亲在养育过程中表现出米的情绪的记忆。

根据美国儿科学会《毒性压力的政策声明和技术报告》的合著者安得鲁·加纳博士的说法，毒性压力说明身体无法关闭应激反应。毒性压力发生在缺乏抗压性的情况下。抗压性是能够以健康的方式应对逆境的能力。毒性压力的缓解需要照料者全身心投入到育儿中[18]。这需要冷静的、深思熟虑的、做出回应的母亲。

加纳博士也提到，早期的逆境遭遇忽视、母亲的抑郁或缺乏安全型依恋，可能会让婴幼儿产生持久和慢性的应激反应，这改变了大脑在未来应对压力的能力。它还可能产生像多动症、焦虑、心神不宁这样的症状。这种在幼儿身上的应激反应可能会导致大脑结构和功能的不易觉察的永久性改变[19]。

研究表明，敏感的养育方式和母亲的陪伴可以促进婴幼儿大脑边缘系统（大脑中控制自主神经系统和调节应激反应的区域）的发育。尼姆·托特纳姆认为早期的压力和社会逆境会增加患上精神疾病的风险[20]。根据扬的说法，这是压力促进特定应激激素产生的恶性循环的结果，这反过来又抑制催产素的释放。而养育则可以增加宝宝大脑中所释放的催产素，催产素可以保护大脑不受压力事件的负面影响[21]。

敏感养育能够预防精神疾病和发育障碍吗？
——表观遗传的作用

汤姆·英赛尔和迈克尔·纽曼在他们《养育行为的神经生物学》一书中写到，激素和早期经历造就了人类[22]。表观遗传学研究环境如何影响 DNA 的功能或表达。例如，如果你的家族有皮肤癌史，你患皮肤癌的可能性就会增大。然而，如果你控制被阳光照射的时间并经常涂防晒霜，你就大大降低了患皮肤癌的可能性。还有越来越多的证据表明，压力和心理创伤会影响我们的 DNA。当宝宝有一位敏感型母亲的陪伴，宝宝大脑发育和 DNA 的表达会和那些没有母亲陪伴或母亲心不在焉的孩子大不相同。

在《儿童心理学和精神病学》杂志上，一篇题目为《发育神经科学的新时代》的文章中，詹姆斯·莱克曼博士写道："在出生后的头几年，孩子和他的照料者之间的关系会对孩子的大脑发育和行为产生直接而持久的影响……早期母亲照料的持久影响，以及早期大脑发育关键时期的基因组表观遗传修饰对健康和疾病的作用，这可能是所有科学中最重要的发现之一，对我们领域的研究有重大影响。"[23]

加利福尼亚大学洛杉矶分校的史蒂夫·科尔博士研究环境对基因表达的影响。他认为孩子们需要对照顾他们的人有一种安全感和信任感。早期的生活经历构建了我们基因表达系统的发展轨迹。在缺乏社会安全感和信任感的情况下，我们的身体会牺牲未来的健康利益来保证当下的生存。如果你认为这个世界是个充满威胁或不安全的地方，身体里的炎症基因会被激活，来抵御感染并帮助愈合伤口，但长期的炎症反应会导致慢性疾病；不仅会有身体上的疾病风险，还会有心理上的疾病风险，因为炎症信号还会增加抑郁和焦虑概率[24]。

来自爱荷华大学的格罗苏那·科汉斯卡，罗伯特·菲利伯特和罗宾·巴里博士的研究说明，具有敏感性和持续性的母亲亲自养育孩子可以改变心理健康问题遗传倾向对孩子造成的负面影响。研究者还指出，许多的孩子在一出生就在5-羟色胺受体上有一个短的等位基因（一个等位基因是出现在一个染色体某特定位置上的两个基因中的一个，控制相同的性状），这影响了他们感觉快乐和应对压力的能力。[25]

这些敏感儿童的情绪史容易显露出来，他们的反应更加强烈；他们可能对噪音、过度刺激以及刺激不足更加敏感。他们不太容易被安抚，当他们还是宝宝时可能会被认为患有肠绞痛，幼儿期时可能会被视作"难以抚养"的小孩，因为他们很容易突然发脾气或极度沮丧。如果这些孩子在他们幼年时能受到母亲无微不至的照顾，那么这些孩子长大后就有可能像没有这种基因遗传倾向的孩子一样，在情感上健康成长。

布鲁诺·贝特尔海姆的"冰箱母亲"理论把孩子的自闭症或社交发育问题归结为缺乏母亲的温暖和关爱[26]，但是如今我们知道了自闭症的症状可能是由于基因和环境的影响造成的。孩子可能有遗传倾向，但产前应激和缺乏主要照料者的尽心照顾，都会对这种遗传倾向造成影响。随着我们关于环境对基因表达的影响了解越来越多，我们可以看到先天和后天之间的微妙平衡，但是需要尤其重视后天养育的作用。

母亲和情感安全

像其他动物一样，宝宝通过声音、触觉和嗅觉来区分母亲和其他（包括父亲在内）的照料者。有大量的研究记录了宝宝在识别母亲的独特性上是多么地准确。范德堡大学的詹妮弗·科诺克博士和理查德·波特博士的研究发现，一边放着浸泡着婴儿母亲奶头的胸垫，一边放着浸泡着陌生人奶水的胸垫，宝宝的头会朝向具有他们母亲特有气味的一边。

宝宝也会转向他们母亲声音的一边，这是他们从在子宫里就听到的声音，不理会其他照料者的声音[27]。

孩子总是会选择他们的母亲而不是替代者，除非他们的母亲不愿养育、拒绝母亲这一角色。在刚开始工作的时候，我在一家诊所做社工，这家诊所为来自不同社会经济背景的家庭服务。在那里我见到了许多的寄养儿童，他们因为被虐待和忽视，而不幸地被从父母身边带走。让我感到震惊的是，那些屡次被父母虐待的孩子却一直想要回到父母身边。不管养父母对这些孩子是多么关心和爱护，他们依然渴望亲生父母身体上和情感上的陪伴，而不是其他替代者。

这意味着代养父母、领养父母、父亲和保姆无法成为体贴入微的照料者吗？当然不是！如果一个母亲真的无法（不论因为什么原因）照顾她的孩子，在孩子的生活中最好有另一个充满关爱的主要照料者一直照顾他。

然而我们也知道，拥有一个情感健康的、能够陪伴左右的母亲是最理想的情况。如果你需要证明孩子和母亲在生理上的吸引力是如何强大，看看那些被收养的孩子，虽然他们在一个充满爱的家庭中长大，却还是想要去寻找他们亲生母亲。你可以说这是一种对生理联系（血缘关系）的渴望，它有助于人类的生存。这也许是祖父母和孙子之间存在一种特有纽带的原因，从历史上看，孩子会受到祖母和姑姑非常亲密的关心和照顾。

人类是唯一生来非常依赖他人，而且这种依赖会维持很长时间的哺乳动物。事实上，有一些科学家，比如凯伦·罗森伯格和文达·特瓦珊，他们认为人类的孕期太短，大脑和身体不能发育至理想状态，宝宝应该有18～22个月的孕育期[28]。分娩困境假说是一种人类学理论，该理论认为，由于我们的大脑体积较大（与我们身体大小有关），迫使人类在怀孕后更早地分娩，以便让宝宝的头穿过母亲的产道。因此，人类的宝宝比其他的哺乳动物的幼崽更脆弱，会更长时间地依赖母亲。正是宝宝的无助使得宝宝必须和一位主要照料者建立联结，这是进化和生理上的需求。

母亲身体上和情感上的陪伴增加了孩子获得安全感的机会，并会伴随他的一生。如果在孩子出生后的最初几个月母亲没有和孩子在一起，那么孩子就会认为母亲不存在。按照心理分析学的说法，宝宝没有获得客体永久性。我们现在知道，宝宝在他出生后不久就能意识到他的母亲不在身边。在宝宝大约 8 个月大的时候，母亲会看到孩子对于她的回来和离开表现出了更大差异的焦虑，我们称之为分离焦虑。在这段时期（8～18 个月）宝宝会更加意识到妈妈和他分开，开始明白妈妈离开他，妈妈没有回来。当妈妈去上班或去超市，宝宝会为她的离开感到失落，会觉得妈妈永远离开了。当妈妈回来时，如果她接纳孩子的难过和愤怒的情绪，并乐意承认并接受自己因为离开孩子所产生的愧疚感（即使她必须离开，并享受离开孩子的时光），她就可以弥补因为自己的离开而带来的感情上的缺失。

如果婴幼儿在哭的时候没有人对他的不开心做出反应，母亲没有来安慰他，他几乎立刻将此体验视为一种社会逆境或缺失。情感依恋研究者玛丽·爱因斯沃斯博士的研究发现，在 23 个哭啼的宝宝中，那些得到母亲的回应和安慰的宝宝在 1 岁之后比那些没有得到回应和没有获得母亲陪伴的宝宝更能进行自我安慰[29]。

有多少次你看到当母亲离开时一个宝宝通过吮吸自己的拇指来安慰自己？或者一个蹒跚学步的孩子必须和母亲分开自己去睡觉时去拿泰迪熊或是毯子来安慰自己？所有宝宝都能忍受少量的挫折，母亲是他们安全感的来源，如果他们不需要过早和母亲长时间、长期分离，他们承受挫折的能力会随着时间推移和年龄增加而加强。

少量的挫折可以帮助孩子开发自身的资源来安慰自己，没有任何发展心理学家或精神分析学家会告诉你应该尽量避免所有的挫折。但是一个 4 个月大的孩子和一个 3 岁大的孩子对母亲离开的应对能力是大不相同的。当宝宝正在发育的大脑沉浸在自以为失去母亲的悲痛中时，婴儿经常会拒绝（即使是暂时的）或是不理睬母亲，抑或是变得极度焦虑、害怕和黏人。

不论从心理上还是情感上，大一点的孩子不仅仅能感受母亲的缺失，他们也具有了原谅母亲并让母亲帮助他弥补缺失的能力。直到孩子将近 18 个月大的时候，他才能把母亲的形象印在脑海里，甚至可以开始接受母亲不在身边。儿科医生、精神分析学家、儿童发育研究者唐纳德·温尼科特认为，如果那时宝宝已经有了"足够好的"母亲养育的经历[30]，也就是说母亲陪伴的时间足够多，并且母亲不否认她的缺席会让孩子感到痛苦，并尽快采取措施来弥补缺失，那么孩子会内化并维持母亲陪伴时所带来的安心和宽慰的情绪，可以等待更长时间并且直到母亲回来也不会惊慌。这是自我发展的开始，是一种强烈的安全感和自我意识的形成。这样就可以帮助孩子在未来面对压力时变得更有耐挫力，在整个人生中以更独立健康的方式调节自己的情绪和情感。

如果母亲的陪伴在这段情感依恋时期是如此重要，那么当母亲一天当中大部分的时间都在外工作或忙于其他事情时，会有什么影响？当孩子和母亲分开时，或者当他们和母亲在一起也需要情感空间时，孩子会形成多种健康防御系统。防御这个词意味着"保护"，有一些防御是健康的，保护孩子不受真实的或自以为的威胁影响。这些防御包括自我安慰的机制，比如吮吸拇指，或把注意力放在其他事情上而不是母亲身上。然而当孩子在应对痛苦时，会产生不健康和不良的防御机制，这会中断或干扰孩子的情绪发育。这些不健康的防御机制包括过早的独立，持续的情感疏离或者过于黏人。当你第一次在幼儿园离开 3 岁的孩子时，他试图弄清楚如何适应新环境，这时他会变得有攻击性或害羞，这很正常，并且这种行为通常会持续几天甚至几周，直到他在新环境里感到舒适。如果这种行为持续下去，并影响了他交朋友以及融入班级，这就被认为是一种不良防御。

2003年，高危儿童委员会发表了一份题为《联结之天性》的报告。33名儿科医生、研究人员和心理健康专家得出结论：很多美国儿童心理健康水平的下降正在成为一个紧迫的问题，它是当今许多新出现的身体问题、身心失调、社会心理障碍的重要原因，对儿童和社会产生了显著持久的影响[31]。我相信儿童精神疾病发病率的增加和我们社会对母亲角色的忽视和贬低有关。

当简和我见面时，她显然很心烦。她跟我谈论她唯一的儿子，3岁的罗杰。幼儿园园长因罗杰的行为又找她了，因为罗杰很难专心听老师讲课。老师显然很担心罗杰在课堂上不断分心，干扰其他孩子安静听课。简很烦恼，因为她现在是一名销售主管，这份工作对她要求很高。她必须从工作中抽出时间来处理这些问题。她不明白儿子为什么会这样做，她很生气，因为园长觉得罗杰需要治疗，甚至可能需要服用药物。她不明白她做错了什么。她和丈夫在有利于家庭生活的社区里买了房子，罗杰的房间里堆满了玩具和毛绒玩偶，他还有一个能干负责的保姆（虽然不像简喜欢的那样充满热情和善于互动）。简每天尽力18:30就回家，每天晚上在儿子19:30睡之前都和他在一起，当然他们周末也是在一起度过的。在我的提醒下，简承认了她和孩子"独处"的这段时间里她有时会在电脑上工作，或和朋友打电话。有时候她太累了不能和罗杰一起玩，就经常让他自己看电视或电影，或者玩她的iPad，这样她就能给自己一些时间了。

简对他们的日常生活做了改变，也改变了她和孩子相处的方式（第五章介绍了一些技巧，简用这些方法来帮助罗杰应对妈妈不在身边的情况）。通过我们共同的努力，我帮助简认识到她在养育罗杰时所遇到的问题与她早年经历有关，她觉得自己母亲总是心事重重，在情感上是缺席的。简感觉母亲没有把她放在优先位置，虽然母亲已经照顾好了她的基本需求，但却很少体现出喜欢陪伴她或和她一起玩。简决定以一种更专注、少分心的方式，花更多的时间陪伴罗杰。她缩减了在办公室的时间，早点回家，这样她就可以花更多的时间和儿子在一起了。她放下了手机和平板电脑，学会了和罗杰一起放松。她和儿子坐在地板上，让他指挥自己。通过让自己以更慢、更安静的方式和罗杰在一起，她成了他的玩伴。对她来说和孩子在一起不再感到那么累人了，罗杰也更加满足了。

简和罗杰是成功的案例。简找到了能够和罗杰有更多时间在一起的方法，她改变了和孩子相处的方式，从而使罗杰的行为得到改变，问题得到缓解。常常在孩子被诊断为行为、社交或注意力紊乱之后，我才能见到他们的父母，但那时伤害已经更难（尽管不是不可能）被修复。我觉得如果父母愿意审视自己的行为以及孩子的行为，那么家庭存在的问题总是有希望获得改变的。

> 如果父母愿意审视自己的行为以及孩子的行为，那么家庭存在的问题总是有希望获得改变的。

哥伦比亚大学的研究员苏妮娅·卢瑟博士发现，出生在富裕或中上阶层家庭的孩子和出生在贫穷或社会底层家庭中的孩子一样经历相似的情感困难和精神疾病。出生在社会地位和经济状况处于中等水平的家庭中的孩子情况似乎是最好的[32]。社会经济状况处于极端水平的家庭（富裕或贫穷的家庭）有什么共同之处呢？母亲在身体和情感上经常缺乏陪伴。生活在极端社会困境中的贫穷家庭的母亲更有可能感到沮丧，担心每天的生计，她们的工作类型和工作时间几乎没有任何的灵活性。富裕家庭的母亲，或者需要把大部分时间和精力花在工作上的母亲，她们可能会把社交活动或工作事宜以及物质需求放在陪伴孩子之前，会把大部分育儿工作外包给其他人来做，因为她有这样的经济条件。中产阶级的父母更有可能早点下班回家，从事的工作也不需要占用他们在家里的时间，并且他们更倾向于关注人际关系而不是物质上的成功。

在美国我们有一个价值观困境。我们专注于给予孩子（和我们自己）物质上的东西，而不是我们的时间、关注和参与。我们不想承认，养育健康的孩子需要在一段时间内把孩子的需求放在我们之前。我们想快速地做所有的事情。我们想要吃得快、跑得快、说得快，并且也想要孩子能很快地和我们分离。我们迫不及待地想要回到那个有孩子之前的"真实"生活中去，在这个过程中我们牺牲了孩子的情感和心理健康。

52岁的伊嘉是一位来自丹麦的母亲，她有两个十几岁的儿子。她是一名自由艺术家，在自己家中工作。当我为了写这本书采访她时，她表达了自己在孩子婴幼儿期养育过程中的喜悦。她觉得美国人难以享受慢生活，而且似乎需要不断的行动和刺激。她把和婴幼儿在一起比作观察微妙的季节变化，它是美丽的、令人激动的、刺激的。但如果你期待一部动作片的话，你会失望。

我们渴望孩子尽快与我们分离，能够变得更独立，这样我们就可以回到工作，或是参与社交，或回到以前的生活中。正如我们现在所理解的那样，对宝宝的情感健康最有利的方式的就是让宝宝的饥饿感来决定他什么时候应该被喂食，而不是在我们认为适合的时候给他喂食；我们现在也明白了，孩子是否能够以一种健康的方式和我们分离，最好是由宝宝和他的时间表来决定，而不是我们的，过早地让孩子和我们分离可能会造成孩子的发育问题。

当母亲陪伴在孩子身边但是情感上缺席时

当母亲在身体上陪伴孩子、情感上缺席时会发生什么？当一位母亲注意力不集中、情绪低落，或对母亲角色有抵触心理，或忙于其他事情，无论是家务、工作还是社交活动，在这种情况下，孩子会把母亲这种注意力转移当作一种失去。当宝宝感到母亲忽视或者不关注他的情感需求时，可能会采取不理睬母亲的方式作为防御机制，或是在他需要获得关注的时候变得非常黏人和有攻击性。以玛丽为例。

> 玛丽在她生女儿爱丽尔之前在一家大城市的律师事务所当律师，生女儿后的两年她又有了一个儿子蒂莫西。在阿丽尔出生后她决定成为一名全职妈妈。她有一个全职保姆，尽管玛丽很有能力组织孩子们的活动，但她发现很难和3岁的女儿或1岁的儿子一起待很长时间。如果她不得不和孩子们待很长时间，她会感到厌倦。为了逃避，她会发短信，经常去健身，或者和朋友们一起吃午饭。玛丽来找我，是因为阿丽尔在家中和弟弟在一起时，在学校和同伴在一起时，都会非常有攻击性。玛丽很担心她的女儿，并感到很难与女儿建立深入联结。她想要知道为什么，尽管她待在家中，为了母亲的责任放弃了工作，但她却没能满足女儿的需要。
>
> 虽然玛丽放弃了她在外的工作，"待在家中和孩子在一起"，她在照顾孩子时对他们的情感需求却感到厌倦和不安。玛丽渴望能分散她注意力的事情，想要和成人一起从事法律工作，并且利用一切机会与女儿和儿子分开。她不仅没有比在外工作的母亲有更多的身体陪伴，而且她发现当她和孩子们在一起的时候，她很难和他们互动或与孩子们保持联结。

很多母亲们经常问我，"什么时候我可以回去工作？什么时候我可以不再只为满足孩子的需求而生活？"对这个问题我从来没有轻率地给出答案，但我确实相信，出生后的前三年对孩子的成长和个性形成至关重要。如果母亲有选择是否工作的能力，可以牺牲一些自己的理想，把孩子放在第一位，从长远来看母亲和孩子都将受益。随着孩子的长大，他会以你教给他的方式来看待这个世界，他也许对你的需求不会那么强烈，但他仍然需要你。

在我同玛丽的交流中，我能够识别出她真正的渴望：她想要回去工作，和更多的成年人一起共事，做一些知识含量高的工作。她和孩子们在一起感到厌倦和疏离。她开始意识到自己害怕孩子们依赖她，她不想要应对自己内心未被满足的需求（希望被别人关怀）。在治疗过程中她能够接受自己的缺失感，并可以面对自己对不被关怀的恐惧感。玛丽回去做兼职工作，并且当她和孩子们在一起时她能陪伴并且融入他们。

我并不是说母亲可以或者应该每分钟都陪伴并满足孩子的需求。这不仅对母亲来说在身体上和情感上都是不可能的，对孩子来说也很糟糕。孩子需要经历不被满足所带来的一些挫折。事实上，大部分孩子对母亲的不完美是相当宽容的。那些受影响最大的孩子，他们的母亲没有这种意识或没有关注孩子对于母亲离开太久所发出的信号。自我意识是平衡你和孩子需求的关键。你的孩子会告诉你他什么时候准备好变得更加独

> 自我意识是平衡你和孩子需求的关键。

立、更加自主，并能接受你的离开；他的成长将取决于他的时间表而不是你的时间表。陪伴不是追求完美。陪伴是一些研究人员所称为的"右脑和右脑的交流"。许多研究表明身体的互动（凝视和抚摸，以及母亲和宝宝的情感交流对宝宝右脑发育起着至关重要的作用[33]。孩子能够健康地成长发育，调节压力，平衡情绪以及具有同理心，都始于母亲。

情感依恋和情感安全与陪伴有什么关系？

简而言之，情感依恋是宝宝和主要照料者之间形成的情感纽带，主

要照料者最好是母亲。这不仅仅是如何满足一个孩子的主要需求——食物、安全、在忧伤时刻的安抚、情绪调节以及使他不感到孤单，这也为孩子后来的社交、情感和认知发展奠定基础。这里我可能提及一些专业术语，请耐心读完这很重要。

情感依恋与情感安全

情感依恋是自我发展的基石，对孩子形成良好的自尊至关重要，对他的生存是必要的。"安全"这一词是形容一个孩子相信当他需要时，母亲会回应他。

根据情感依恋理论之父约翰·鲍比的说法，情感依恋的意义在于维持母亲和孩子之间的亲密关系，从而更有利于孩子的安全和生存。当孩子能够信任母亲，把母亲视为一个安全和可靠的基地时，他就可以自由地探索周围的环境。母亲的敏锐的回应决定了依恋关系的质量、孩子对人际关系的期待以及对自己的期待[34]。依恋建立了"内部工作模式"，让我们能够根据之前和别人相处的经历来想象与其他人的交流和对话。根据鲍比的理论，孩子在出生后的前三年忙于"构建关于物质世界是如何运转，母亲和其他重要的人行为举止如何，他自己的行为举止如何，人与人之间如何交流的工作模式"[35]。另外，"一个孩子的自我安全感的建立，取决于他对所依恋的人在他需要时是否会及时出现的信任度，或者他是否多少有些担心所依恋的人有时、经常或大部分时间都不在。"[36]安全型依恋的孩子得益于母亲的持续回应。孩子的情感需求被忽视或是未被满足很可能会让孩子感到不安，在儿童期或成年后变得防备心很重且过于独立，以避免受到伤害或是感到失望。

孩子正是通过对母亲的依恋才形成了自己的信念：他人是否值得信赖或者值得去爱，以及自己是否有价值，值得关心。重要的是宝宝可以依赖母亲并表达自己的需求。依赖性是健康分离的桥梁，亲密关系的关键。这种"内部工作模式"是宝宝看待未来所有关系的模式[37]。

当安全型依恋的宝宝离开母亲时，有反应是正常的。同样重要的是，当他感到沮丧时可以期待母亲会来安慰他。一个安全型依恋的宝宝既可以需要母亲来帮助他调节情绪，也可以进行自我安慰，尤其是母亲不在身边的时候。安全型依恋的孩子不会害怕因表现出不开心和负面情绪而被忽视或受到惩罚。也就是说如果孩子的母亲大多数时候对孩子的需求表现出持续的、敏锐的反应，并且能在情感上陪伴孩子，那么即使母亲偶尔的回应疏忽也是可以接受的。

先依恋，再分离

强烈的依恋让健康的分离变得更加简单。如果你的停泊处是安全的，你就能离开你的船，因为你知道当你回来时它还会在那儿。如果你觉得你的停泊处会移动或消失，那么你可能会害怕离开你的船，害怕它之后可能不会在那里，让你陷入困境。如果我们希望孩子能够和他人建立联结，拥有健康的人际关系，要想相互依赖，那么他们就需要首先能够依赖他人。

我们在婴儿时期害怕和母亲分离是基于一种非常真实的可能性：如果我们的母亲不关心我们，我们可能会面临死亡。从出生到3个月左右，宝宝没有界限的概念。他分不清哪些属于妈妈，哪些属于自己。你可以把这种状态看成是他在母亲子宫里状态的延续。有时，孩子出生后的前3个月被称为第四个孕期。因为人类的宝宝在出生后会长时间地完全依赖他们的母亲，这种模糊的界限感对孩子的生存是必要的。3个月后，宝宝开始了解需求、哭泣以及母亲的回应。他开始意识到母亲是独立的存在。

6～8个月的宝宝，如果母亲在身体上和情感上给予足够多的陪伴，孩子只会在一定程度上害怕分离或产生分离焦虑。这是孩子成长正常和必要的部分，也是孩子练习独立和体会情感安全的过渡阶段。分离焦虑是宝宝意识到母亲可能离开不再回来，并且因为这个年龄的宝宝只活在当下而对未来几乎没有认识，他们害怕当妈妈离开了，就真的走了，就再也不可能看到妈妈了。在安全型依恋的孩子身上，这种担心会在18个月左右减弱。

此时，婴幼儿开始有意识地练习将自己和母亲分开，这被依恋研究者玛格丽·马勒博士称作"和解"（rapprochement）[38]。如果你曾经观察过一个孩子独立玩耍或是探索周围的环境，你会发现他都会和母亲进行"碰触"，要么是身体上的接触，比如过来触摸或只是握住母亲；抑或是象征性的，如眼神交流。通过母子之间的这种反复交流，孩子感到他可以应对新的体验。当宝宝形成安全型依恋时，这段探索和重新联结的过程会更加顺利。儿童经典读物，玛格丽特·怀丝·布朗的《逃家小兔》和《晚安，月亮》很好地描绘了宝宝对分离的"推"和"拉"。这些书一直被人们喜爱。在《逃家小兔》中，一只小兔子测试着她对离开母亲去探索的渴望，以及母亲对他无条件的爱和接纳。兔妈妈跟随着她的宝宝，就像所有的妈妈当孩子冲进房间关上房门时会做的那样，兔妈妈要确认孩子可以探索世界，并且无论如何她要一直在那里陪伴他，作为安全的试金石。在《晚安，月亮》一书中，为了帮助孩子进入梦乡，母亲花费大量的时间对孩子房间的每个玩具、动物玩偶和物品说晚安，耐心地让孩子在入睡之前感到安全，睡觉是孩子最害怕的过渡之一。

孩子与你分离的能力很重要，实际上和他对你的安全依恋一样重要。但是宝宝需要按照自己的发育速度学会分离并练习独立，如果他建立了安全依恋，那么这个过程将会进行得更顺利。如果你在操场或游乐场观察过婴幼儿，你会看到不论孩子自己玩耍还是和其他孩子一起玩耍，他们都会寻找妈妈，在妈妈身边短暂地待会儿，然后继续回去玩耍。如果母亲在身边，孩子更有可能去探索周围的环境和尝试社交，比如找另一个孩子玩耍或是爬上一个离母亲比较远的游乐设施。

从杰·贝尔斯基的大量研究中，我们了解到那些不是由母亲照顾的孩子，或者那些离开主要照料者、很早就被放在日托所的孩子（1 岁以下），那些在日托所度过大量时间（全部或是几乎全部时间）的孩子，那些在 3 岁上幼儿园之前一直待在日托所的孩子，这些孩子会比那些一周只有很少时间不是由母亲或主要照料者照顾的孩子更有可能有攻击行为和情感问题。贝尔斯基的早期研究也显示了孩子一周在日托所的时间少于 20 个小时才是最佳选择[39]。

当一位母亲告诉我她是如何鼓励孩子独立的时候，我很担心。婴幼儿如果根据妈妈的时间表（而不是他自己的）学习独立，可能会认识到在他最脆弱的时候他不能依赖生命里最重要的人，并且可能会产生情感隔离。费伯睡眠训练法，多个短期照料者，以及长时间的分离却没有立刻修复（更多内容参阅第五章），都会对孩子尝试迈向健康的独立造成阻碍。

依恋困难

玛丽·爱因斯沃斯被认为是情感依恋研究的女性领军人物，她发现有三种类型的依恋：安全型依恋、回避型依恋和矛盾型依恋[40]。著名的情感依恋研究者玛丽·梅因，在之后研究中发现第四种类型——混乱型依恋，而且还发现了婴儿时期的依恋类型和未来的情绪安全或情绪问题有关[41]。

爱因斯沃斯创造了"陌生情境实验"，即母亲和 1 岁宝宝之间一系列的分离和重聚[42]。首先母亲和孩子进入一个房间，母亲和孩子一起玩耍；

接着一个陌生人进入房间，吸引孩子注意力，之后母亲离开房间；然后母亲再次回到房间和孩子重聚，陌生人离开房间，让母亲和孩子单独在一起；之后母亲再次离开房间，把孩子独自留下；最后她再次回到房间第二次和孩子重聚。

这项重要的研究强调了安全型依恋对宝宝身心健康的重要性。这项研究告诉人们，孩子如何在陌生情境中做出反应，以及孩子在12个月大时的安全型依恋，如何影响他成年后的情感健康和情绪能力。

爱因斯沃斯发现，当母亲离开房间时，具有安全型依恋的孩子虽然会感到不安，但是会寻找身体上的亲密联结，从而容易得到安慰，而且当妈妈回来时他们总的说来看上去很高兴。在8~18个月之间，安全型依恋的孩子在依恋和探索之间循环进行：利用他们的身体和新发现的运动技能探索世界，然后回到他们母亲的身边，把母亲作为他们的安全基地，然后再次从基地出发去探索。

她发现那些不安全型依恋的孩子可以被分为两类：对于母亲难以和他们建立依恋的情况，他们或者会持续地采取某个策略来应对，就像回避型依恋的宝宝或矛盾型依恋的宝宝；或是他们没有明确的策略，比如混乱型依恋的宝宝。爱因斯沃斯发现，从整体上来看，回避型或矛盾型比混乱型孩子的心理健康状况更好。

那些对母亲的离开不感兴趣或是没有反应的孩子被归类为回避型依恋。他们在和母亲分离前没有寻求和母亲更多的接触，他们似乎更关注房间的玩具和其他物品。他们似乎对陌生人很感兴趣，当母亲离开房间时，他们可以通过陌生人使自己平静下来。只有当他们完全独自一人时他们才会有反应。这些孩子靠自己的资源和自我调节而不是靠母亲来安慰自己。

回避型依恋的宝宝通过情感上隔离或者回避亲子关系中的痛苦来适应他们母亲不在身边的情况。回避型依恋儿童往往缺乏同理心，在很小的年纪就会表现出不受控制的攻击性和愤怒。他们上幼儿园后，常常会引起家长、指导专家、治疗师和老师的注意。他们可能会在班上欺负别人，或者当他们处于困境或受到伤害时会寻求负面的关注。他们倾向于退缩而不是向母亲寻求安慰。他们可能会通过身体来表达痛苦和焦虑，这也就是为什么很多人被错误贴上"多动症"的标签。

矛盾型依恋的宝宝在情绪上很不稳定，当母亲离开时他们会很黏人，当母亲回来时他们的情绪会过于激动。他们承受着强烈的分离焦虑，无法轻易地被母亲安抚，常常对母亲感到生气。他们的母亲通常都很焦虑，这些孩子会受母亲的害怕和焦虑的影响，并且很难在世界上获得安全感或相信周围的人能安抚他们。他们紧紧地黏着母亲，很少学习调节自己的情绪。

矛盾型依恋的宝宝交替使用不同的应对方法：这一刻他不理母亲，把她推开，下一刻则紧紧地抱着她。他们经常对母亲感到很生气，并且不容易被安抚。尽管他们的最初想法可能是寻求安慰，但当这些宝宝靠近母亲时，他们会感到害怕，而母亲恰恰应该是当孩子害怕时来安慰他们的人。在陌生情境试验中，当母亲回到房间时，这些孩子可能会跑到他们母亲面前，然后又跑开，缩成一团。或者他们可能会变得非常有攻击性，对母亲有打或扔东西的行为。他们可能会一会儿哭，一会儿笑。

情感依恋的安全感从母亲到孩子代代相传。所有情感障碍的案例中，母亲在某种程度上都没有陪在孩子身边。精神分析学家、心理医生皮特·冯纳吉认为孩子最可能使用的防御策略通常是他们的依恋对象（大多数时候是母亲）在面对痛苦时最常用的应对方式，孩子于是就把这种方式作为自己的防御策略[43]。

1984 年由玛丽·梅因和同事进行在成人依恋访谈（AAI），受玛丽·爱因斯沃斯启发，探索早期依恋关系如何影响我们成年后的情感健康，以及早期依恋关系对养育方式的影响及关联。梅因想要了解哪些类型的母亲会有依恋障碍，以及她们的应对方式是否会传递到下一代[44]。她发现以下几点。

有安全感的母亲会培养有安全感的宝宝，当孩子长大后会继续成为有安全感的父母。有安全感的母亲会在情感上陪伴孩子，但不会控制孩子，她们会根据孩子的情绪采用合适的非语言交流方式，如眼神接触、面部表情、语气、姿势和手势。有安全感的母亲允许孩子不安或生气，而不是因此感觉愤怒或被拒绝，她会耐心等待孩子再向她靠近和亲近。她回应孩子的感受，但不会立刻试图消除孩子的情绪，而是留出一些时间让孩子先试着自己应对某些情绪。有安全感的母亲会以一种共情的方式回应孩子，让孩子由生气到心中充满爱：当孩子哭了、似乎在拒绝她的时候，有安全感的母亲不会立刻感到被拒绝或受伤。她保持冷静，接受孩子强烈的情感发泄，用她的身体和语言来安抚宝宝。她能够关注宝宝的想法，感受宝宝的情绪，帮助孩子度过艰难时刻。

疏离型的母亲常常会养育出回避型依恋的孩子，她们长大后也会变成疏离型的母亲。玛丽·康纳斯博士在她的论文《放弃的爱：回避型依恋及其治疗》中准确地描述了回避型的情感依恋，并引用艾略特的诗句描述了这种类型的人："放弃爱……在这个世界对爱的向往、努力和愿望都被否定了。"[45]疏离型母亲的孩子可能会完全放弃爱以保护他们自己不会承受被拒绝的风险和痛苦。

疏离型的母亲经常会误解孩子的情感暗示或不理解孩子所表现出来的情感。当孩子处于困境时，这些母亲对于安慰孩子会感到很艰难；当孩子心情好或玩得开心时，她们会感到更舒服。这些母亲经常误解孩子的负面情绪，尤其是当这些情绪指向她们的时候。比起那些安全型依恋孩子的母亲，她们可能更少去询问孩子关于生气的感觉。

疏离型的母亲往往会把工作或者其他活动放在优先的位置，而不是关系或爱。我经常听到这些母亲把孩子的依赖描述成不舒服的事。因为她们害怕被拒绝，所以她们回避依赖和亲密。她们可能会出现产后抑郁症、焦虑症和睡眠障碍。她们可能会借助酒精或食物来逃避和减少紧张。我的一个患者对我说："我的产假原本是3个月，但是当老板问我是否能在8周后回去工作，我迫不及待地想离开家。"一些妈妈博客给女性提供一个平台来发泄这种对必须满足孩子需求的状况的愤怒和不满；通过公开说出她们（以及很多其他女性）私下里的感受，她们希望使这些情绪正常化。对于很多读过这些博客和文章的女性来说，这是一种解脱，因为她们发现她们并不是唯一对抚养孩子感到不适的女性。但即使这些对依赖和亲密关系感到恐惧的情况很常见，它们也仍然并不健康。

> 安吉来见我是因为她3岁的女儿劳伦动不动就发脾气。劳伦有时会打其他的孩子，当老师让她遵守班级规则时她会挑衅老师。安吉感觉到劳伦在对她生气，但是不知道这是为什么。劳伦有个她喜欢的照料者照顾她，并且安吉努力做到按时回家，几乎每天晚上都会把劳伦安顿睡觉。安吉每天晚上下班回到家时都已经筋疲力尽，已经没有什么精力顾及女儿的需要和诉求。安吉相信孩子应该尽快变得独立，安吉就是这么被养大的。和我一起解决问题的过程中，安吉意识到她自己的母亲曾经没有发现她的需要和诉求。当安吉体验到早期被母亲拒绝的痛苦时，她就能对女儿更有耐心、更善解人意，女儿也变得更冷静和不那么充满愤怒。

心事重重的、焦虑的母亲通常会培养出矛盾型依恋的孩子，她们长大后也会变成心事重重、焦虑的母亲。焦虑的母亲即使身体陪伴孩子，但是也无法在情感上给予孩子陪伴。这些母亲往往情绪上很紧张和脆弱，经常要靠孩子来安抚或调整自己的情绪，而不是为了孩子这样做。她们不停地担心，带着自己童年害怕失去和被遗弃的情感，他们在所有的关系中都很难进行分离。他们像"直升机"型母亲一样过度干涉孩子生活，但是他们对孩子的关注往往表现出不一致：当孩子高兴的时候她们就和孩子在一起，但是如果孩子不开心时她们就转身离开。这些母亲往往很难理解孩子的情感暗示，因为她们太专注于自己的恐惧和担忧。

混乱型的母亲通常培养出混乱型依恋的孩子，孩子长大后也会变成混乱型的母亲。混乱型母亲的行为最无法预料，可能会在极端沮丧和极端愤怒之间游走。她在调节自己的行为和情绪方面有困难，而她的愤怒导致她羞辱自己的孩子。她缺乏自我调节的能力，也无法靠别人来调节，当她感到压力时，她会觉得害怕，并且使孩子也产生恐惧。

宝宝的情感依恋体验（无论好还是坏）都基于与母亲的反复接触和持续互动。当母亲身体上和情感上都不能陪伴孩子时，这些互动就会被打断。母亲通过认同孩子是一个独立的个体，来帮助孩子形成他们在这个世界上的自我意识。皮特·冯纳吉、捷尔吉·哥格利、玛丽·塔吉特等精神学分析学家相信，当宝宝通过母亲的眼睛看到自己时，是建立自我安全感的基础。当婴儿在成长过程中感到痛苦或害怕时，母亲安慰的声音会使他安心。如果母亲在孩子成长早期能够在情感上理解孩子的这些体验，就能使孩子形成斯霍勒所说的"内隐自我"[46]或温尼科特所说的"真我"[47]。

鲍尔比的理论认为大脑构造了自我、依恋对象和环境的工作模式[48]，这可以通过大脑的神经影像来证实。我们现在知道宝宝的大脑在出生时就包含镜像神经元；这些神经元可以让孩子模仿母亲的面部表情和手势。母亲的回应表明了孩子在情感上被理解，从而促进这些神经元的发育。正是通过母亲和孩子之间的互动、情感分享、表情和手势，发展了宝宝对自己和他人的情感和意图的理解。

很明显，建立安全型依恋是情绪调节、承受压力、良好的自尊心以及在未来拥有健康的人际关系这一漫长的情感旅程中重要的第一步。在孩子生命里的前三年，我们投入时间和精力，就是为了确保这种健康的情感依恋，为此我们所有的牺牲都是值得的。

第四章　陪伴：在场，关注并满足孩子的需求

父母经常希望我能给出如何改变孩子行为的具体建议。我总是给出同样的回答：我能帮助孩子最好的办法，就是帮助父母更加了解他们自己的感受和行为，以及他们对孩子的影响。如果你正在读这本书，很可能你已经开始努力成为能够尽量陪伴孩子的好母亲。陪伴需要专注和技巧，这些技巧对于一些人来说非常自然地就能获得，对于另一部分人来说则需要付出更多才能掌握，但是我相信每位女性都能学会。陪伴型母亲的一个基本特征就是能够享受陪伴的时刻。这种状态有时候被称为"正念"。那澜陀学院的创始人乔·罗伊索博士，也是一位心理治疗师，致力于研究如何将佛教教学融入临床工作中，他告诉我们正念意味着："我们自我意识的参与……你可以观察到发生了什么。这是养育孩子的一个关键因素。"[1]

能够活在当下并且觉得你没有其他想要去的地方，你没有其他想要待在一起的人，你没有其他想要做的事，这种能力是一种强大的力量。拉姆·达斯在《觉醒之旅》一书中谈到了人生的三大核心：doing（做）、having（拥有）和being（成为）[2]。being在对健康的自我、健康的人际关系和有意义的人生来说是最重要的，但是大多数人都花费他们整个人生在doing上，这样他们就能拥有（have）更多，几乎没有花什么时间在being上。如果我们不能安静、平和地与我们自己相处，那么我们和孩子相处（或维系其他任何密切和有意义的关系）就更难了。

我们必须和过去和平相处，这对我们完全地投入到现在是非常重要

的。忙碌和活动可以压制对创伤事件或痛苦关系的记忆。当安静或空闲时，我们内心常常会被这些痛苦的回忆和感觉所淹没。一位母亲如果无法释怀和自己母亲之间的矛盾和痛苦，她可能会和孩子一起在地板上坐一会儿，但很快就会感到悲伤、厌倦，甚至困倦，想远离这份宁静和她的孩子。

在这一章中你会找到一些实用的方法让你能专注地陪在孩子身边。你会发现这些建议很多都很容易实现，尽管有一些可能比较难。将这些方法变成你和孩子日常相处模式的一部分是很重要的。但是如果这些技巧让你感到不舒服或是对你来说没有效果，那么探究和反思你的感受也同样重要。

陪伴意味着消除干扰

我们往往都会同时处理多种事务：一边吃饭一边查看邮件，变换电视频道的同时浏览网页，和一个朋友聊天时给另一个朋友发短信。研究表明，这种持续的分心和注意力分散会影响我们长期专注于一项工作或一段关系的能力。一般来说女性尤其是母亲，不仅会被要求同时关注很多事情，她们的情感和精力也要被分享，而我们所能分享的东西是有限的。当我们在做其他事情的同时试图和孩子交流，这对我们和孩子的关系是有害的。眼神交流和非语言暗示是你情感陪伴的重要部分。你可能认为你和孩子在一起，但是如果你的思想和注意力不在孩子身上，事实上，你就没有在情感上陪伴他们。如果你在洗碗时和孩子说话，或做清洁的时候和孩子说话，你并没有陪伴孩子，你是分心的。

> 如果你的思想和注意力不在孩子身上，事实上，你就没有在情感上陪伴他们。

我在街上散步或是去公园散步时，很少看到母亲或者照料者真正地和孩子在一起。相反，我看到母亲和照料者都在全神贯注地看手机。科技不断地改变着我们的生活，在某些方面是好的，在某些方面则不是。想要时刻感受刺激，逃离和孩子在一起的无聊时光，这种情况会因为我们不断闪烁的手机的诱惑而加剧。有人可能会说（我就是这么认为）在手机普及之前，我们会更容易关注到孩子。这些干扰和使我们分心的事物对我们的情感、心灵和自我意识的影响，已经成为了一种文化，而我们也习以为常了。我和丈夫最近去了一家餐厅，旁边有一对夫妇在吃晚餐，整个用餐过程中这对夫妇都看着手机而不是对方。想象一下，当你不断拿起电话，发短消息或查看邮件，去看看有没有什么事或什么人比孩子更重要更有趣时，你的孩子会是怎样的感受。如果你能发现和孩子在一起是有趣的，那么他们就可能感到有趣并且有助于发展他们的自尊心。当然，不断查看你的手机会让孩子感到无趣，让他觉得他对你没那么重要。

那么如何能确保你可以投入到陪伴孩子当中而不是深陷科技产品中呢？

• 当你和孩子一起在街上散步时，把手机静音。在孩子6个月以前，你的孩子应该在婴儿推车里面对着你，这样你就能和他进行眼神交流，尽可能多地和他互动。

• 告诉孩子的保姆或照料者，在照顾孩子严格禁止使用手机。照料者只有在紧急情况下或者联系你的时候才能用手机。

• 当你和孩子说话时确保孩子能看见你，不要从另一个房间和他说话。

• 当你没有主动地听或是你注意到孩子没有在听的时候，关掉电视和收音机。

• 如果你在外面工作或者几乎一整天都不在家，在前门附近放一个篮子，把手机放在里面。当你回家后，把你的手机和平板电脑静音。你可以在孩子睡觉或小憩时打开你的电子设备。你必须时刻保持联系并随身带着你的手机（比如，你是一位随叫随到的医生），你可以把你的手机或寻呼机设为震动模式。

- 告知你的同事、朋友和家人，如果不是真正紧急的事情，你在某些特定的时段内不会回复电话、短信或邮件。

如果从电子设备中脱离出来对你而言很困难或是让你感到不舒服，问问你自己这是为什么。进行乏味的、肤浅的信息交流，频繁地与他人联系，这些会让你摆脱不满、厌烦、悲伤和愤怒的情绪吗？印第安纳大学的一项研究发现，当父母因为手机和其他科技设备分心时，他们孩子集中注意力的时间会变短了。[3]

如果你发现你很难将注意力从工作中或户外活动中转移到陪伴孩子上，瑜伽也许能帮助你。英国曼彻斯特大学的一项研究表明，瑜伽会降低母亲的皮质醇水平，使她们能够更加冷静、减轻焦虑以及更多地陪伴孩子[4]。瑜伽冥想通常和正念有关，它让在一个充满干扰的世界里，能在情感上专注于现在而不分心。它已经被证明对感到焦虑的母亲非常有帮助，但是对抑郁（即使是轻微的）的母亲几乎没什么作用，除非还要像费城的助产师和母婴瑜伽老师兰迪·吉尔伯特对我说的那样："睁大眼睛，和别人交流。一个已经感到孤单的母亲并不需要更多的独处，相反，她需要感受到与周围人的联结，与自己的联结和与孩子的联结。"

正念练习就是关注当下，对我们的体验不加批判地进行觉察。通过发现和确定情绪和感觉，我们可以减轻焦虑、不安和厌倦的情绪。正念可以促进深度放松，从而能够减轻压力，增强心理弹性。例如，当我们觉察到我们感到疼痛或僵硬的地方，或是我们受伤的地方，我们可以把身体上的疼痛视为个人的体验，而不是认为疼痛只能带来痛苦。这在情感体验上也同样适用。

所有的母亲都可以从正念练习中获益。在附录 B 中你会发现由正念老师南希·莫蒂菲所设计的一些简单的正念练习，一些是你单独做的，一些是你和孩子一起做的。

所有的母亲都可以从正念练习中获益。

陪伴意味着要意识到共情和同调的重要性

共情是一种能够感受或了解另一个人情感的能力，或是把自己放在别人的处境上去体验对方的情感。共情不是与生俱来的，是我们早期从和母亲或者主要照料者的关系中学习到的。如果我们的母亲是有同理心的人，或者有能力去感知我们的情感，我们就会学会去感知他人的情感。我们第一次感受到自己的存在，是通过从母亲的脸上看到她对我们情感的回应，之后是通过母亲的语言而获得。当母亲熟悉我们的情感，意味着她能读懂我们的非语言提示，通过我们的面部表情、肢体语言、哭泣、声音和眼神交流来觉察我们的情感和需求，告诉我们她了解我们的感受，我们就可以通过精神分析学家和情感依恋研究人员所称的"镜像"或者"原始反射"来学习共情并使之内化。这种理解宝宝暗示的能力来自母亲的右脑。在同调的时候，母亲的右脑和宝宝的右脑在进行沟通。例如，宝宝的嘴角下垂，眼里有泪水，脸涨得通红并开始哭泣，他的母亲也做出了悲伤的表情，轻声地说着，安慰她的宝宝。这表明了婴儿的感受被母亲所发现、理解、确认和接受。这种互动是宝宝发展自我意识、认识到自己是有价值的和被人爱的开始，也是学习共情反应的开始。

当母亲的回应没有反映出宝宝的情绪，无论是由于忽略还是试图消除这些情绪，宝宝会感到困惑或害怕。比如，当宝宝悲伤时，母亲的表情是厌烦、冷漠或生气，或者把目光移开，又或者用一个大大的笑容、响亮欢快的声音来回应。对宝宝来说，这样的回应说明了母亲不理解他的感受或是他的感受不重要，因此他也不重要。缺乏同调时，宝宝会形成自己的应对方法：他可能会不理他的母亲，或是哭泣和粘着她，或是在两者之间进行交替。就像我之前说的，如果一位母亲在身体上陪伴但是情感上无法和她的孩子建立联结，那么对孩子来说就像她不在身边一样痛苦。

把孩子放在你的左边而不是右边，这样一个出奇简单的方式可以让你和孩子进行联结并让他感觉更安全。这样做不仅能使你具有安抚作用的心跳让孩子听得更加真切，而且你们之间的视线接触加强了右脑和右脑之间的交流。如果你是母乳喂养，可以从右边的乳房开始哺乳，从左边结束。如果你是奶瓶喂养，把你的宝宝放在左边。如果你的宝宝不开心，你可能会发现当你在安慰他时，把他放在你的左边，能更快使他平静下来[5]。

暂时的误解或失误是母子之间关系的一部分，所有的母亲都会经历。你如何认识这些失误，以及如何通过认可宝宝的感受、抚慰他的痛苦，对于快速修复沟通上的疏忽很重要（我会在第八章更多地讨论这些内容）。

然而，如果在情感上长期无法做到同调，会使孩子的共情或读懂他人情感暗示的能力受到影响。如果幼儿通过不断地推、碰或打另一个小孩来获得他的注意，即便那个小孩明显已经很生气、沮丧或烦恼，就说明这个幼儿很难读懂别人的情感暗示。缺乏同理心的孩子，当他在操场上推朋友时，他不会在意朋友是否受伤，或者当朋友的积木塔被碰倒后，他也不会关心朋友是否难过。这并不意味着在关心其他孩子的感受方面的偶然疏忽，而是一种行为模式。所有的孩子都有表现糟糕的时候，但如果孩子一贯有缺乏同理心的行为，就应该引起你的注意了。

陪伴意味着调节孩子的情绪

宝宝出生时的中枢神经系统发育还不完善，如果没有母亲或主要照料者的帮助，就无法进行内部和外部感觉和体验的协调。根据研究人员尼姆·托特纳姆的说法，主要照料者（我相信最重要的是母亲）在孩子2岁之前一直扮演着孩子神经系统的延伸的角色[6]。

情绪调节既需要你对宝宝产生兴趣，也需要关注你的宝宝。如果你和孩子在一起时很焦虑，很容易感到厌烦和分心，或者因为你没有让自己投入到和他在一起的互动中，无法感受到孩子的有趣之处，那么情绪调节对你而言就是说起来容易做起来难。我总是对我的患者说，如果你都不能发现孩子的吸引力，那么为什么其他人（例如，某个照料者）应该会发现他的吸引力呢？

做一个孩子太难了！你的孩子生活在一个可怕、混乱、复杂、苛求的世界。你应该帮助孩子理解并调节他的情绪，使他无论在情感上还是身体上处于一个平衡的状态——"情绪稳定状态"。调节情绪的能力意味着我们生气时不会大发脾气，悲伤时不会过度沮丧，开心时不会过于狂躁。心理弹性是指兴奋或是难过之后回到情绪稳定状态的能力。在困难时期我们依靠他人来安慰自己，这对我们的情绪健康是很重要的，与情绪自我调节能力同等重要。有安全感的孩子，将来会成为有安全感的成人，当他处于压力状况下，很容易在进行自我安慰和向别人寻求帮助之间自由转换。

情绪调节包括两个步骤：首先是非语言的初次调节，然后是语言的二次调节。情绪调节的过程是"母子之舞"，要求你能调整自己的情绪以和宝宝的情绪"同调"。这意味着你要觉察自己此时的情绪，不管是有意识的还是无意识的，你的情绪将通过你的声音、面部表情、肢体语言传达给你的宝宝，从而影响宝宝的情感发育。

主要的情绪——悲伤、快乐、生气、惊讶、害怕、厌恶和害羞，不管在哪种文化中都是普遍存在的，这些情绪通过面部表情和身体的非语言暗示来表达。情绪会带来身体的生理反应，情绪调节是一个身体变化过程。当我们高度兴奋时，我们的心跳加速，当我们处于低兴奋状态时，心跳就会减速。当你调节宝宝的情绪时，你可能是在下调兴奋程度或使宝宝变得平静（让宝宝从喜悦、惊讶、恐惧和生气等强烈情绪反应中慢慢沉静下来），也可能是上调兴奋程度使宝宝变得兴奋（让你的宝宝从悲伤、厌恶或羞愧等状态中慢慢兴奋起来）。

情绪调节的第一步是非语言的初次调节，这是一种无意识的过程，在此过程中你用右脑来阅读宝宝基于身体的情感暗示——通过眼神交流、触摸、姿势、声音、节奏和面部表情——然后模仿他的表情。

眼神交流是母婴之间最强烈的非语言交流形式；它能让宝宝的身体和情感变得兴奋、得到安慰、产生共鸣，并将婴儿的神经系统和妈妈的神经系统联结在一起。如果宝宝的母亲没有做出反应或者没有进行足够的眼神交流，婴儿就从这种关系中学会了身体和情感上的不投入，这就成了一种习得性无助（learned helplessness）。在健康的母婴关系中，当宝宝高度兴奋或是玩得正在兴头上时，宝宝可能不会跟妈妈进行眼神交流，这是很自然的。给他一些时间，当他不理你时，不要感到被拒绝或者不断地想要获得孩子的注意力。孩子会让你知道他什么时候再次需要你，通常都会很快！

你的面部表情、姿势甚至是手势都为你的孩子提供了重要的情感暗示。你的面部表情清晰地表明了共情或不关心，耐心或生气，平静或焦虑。当你和孩子处于同一高度时，当你向宝宝倾身时，就表现出了你的兴趣和关注。夸张或快速的摆动或动作会使孩子感到压力或害怕，所以陪伴孩子时不要过分夸张。

研究员朱迪·麦斯曼发现，美国母亲经常会以一种世界上其他地区的母亲几乎不会这样做的方式和孩子相处。虽然麦斯曼还没有通过统计数据对这些文化模式进行比较，但通过对数百对来自不同文化背景的母亲和婴儿的观察她做出推断：这种为了使宝宝微笑或大笑的过度兴奋、过度刺激、过度积极的情绪表现，似乎是"来自母亲的某些需求，以确保孩子喜欢或爱她们。如果孩子没有微笑或者大笑，她们会感到被拒绝或没有安全感"。麦斯曼指出，一些美国母亲，如果孩子与她们互动时没有做出积极的反应，她们的脸就会沉下来，或者会说："你不喜欢妈妈了吗？"麦斯曼感觉，在其他国家，母亲更有可能允许孩子处于各种情绪体验当中，在刺激游戏和试图让宝宝微笑上花更少的时间。当然，如果很明显孩子很感兴趣并愿意参与，母亲可以和孩子在一起玩耍，对他们微笑和做鬼脸，但是妈妈们应该更倾向于回应孩子此时的情绪，而不是把精力都投入在逗孩子微笑上。这些回应更能使孩子平静下来，就像是在公园散步而不是去马戏团[7]。

语言的二次情绪调节建立在成功的非语言调节基础上。这是一个有意识的、以左脑为核心的过程，是根据孩子的非语言暗示，利用你的想象力来理解孩子的感受，并把这些感受转化为文字。所以当你发现孩子很难过（右脑），你的表情也变得难过，然后对孩子说（左脑）："你看起来很难过。"你可能会更进一步思考孩子可能会有什么感受以及为什么会有这样的感受："我想知道你感到难过是否是因为妈妈离开了房间一会儿？"这个是言语镜像（verbal reflection）的过程，是右脑（情绪发展）和左脑（认知发展）共同工作的结果。

当然，你无法总是把事情做对；母亲和孩子之间的沟通更像是一门艺术而不是科学，你必须陪伴孩子，学习理解孩子告诉你的信息。就像学习一门语言，如果你想说流利的话，你就必须花费很多时间。如果你对宝宝说"你看起来很饿"，但是他并不饿，当你想给他喂食时，他会让你知道你判断错了。你会再次尝试，直到你能正确地解读信息，然后告诉宝宝："妈妈很抱歉弄错了，你想要妈妈把你抱起来"。如果宝宝难以被安慰或平静下来，记住他可能是感到冷了或饿了，尿湿了或累了；他的肚子可能会痛，他的头可能会痛；他可能害怕你会离开，或做了一个噩梦。一位儿科医生曾建议我，如果你不确定还不会说话的孩子想要什么，可以首先猜测他是饿了，然后是尿布湿了，以及其他身体不适（太热、太冷、衣服不舒服），最后是情感上的痛苦（包括过度刺激）。

许多母亲害怕去尝试理解孩子的感受，因为担心自己的解读是错误的，其实孩子对妈妈犯错误都是非常宽容的，只要妈妈不断尝试去理解宝宝的需求就可以了。如果当母亲停止尝试或甚至厌烦去尝试理解孩子的感受，宝宝会感觉被抛弃，这就好像宝宝生活在一个除了他们说希腊语其他人都不说希腊语的世界里，甚至更糟糕——他们被完全忽略了。如果你的孩子处于痛苦之中，你却无法给予情感上或身体上的陪伴，那么毫不夸张地说，他在独自面对他的痛苦。

> 母亲和孩子之间的沟通是艺术而不是科学。

幼儿期的孩子在内化社会规则和社会秩序的过程中，会不断地处于冲突之中，这些要求经常与他的欲望相对立。当他会说话的时候，他将面对一系列的情感挑战和冲突，这段体验实在令人烦恼，大多数的成年人都不愿意回忆那段时间的痛苦，若干年后对那时的事情也记不起来了。我告诉那些来咨询我的父母，幼儿期孩子所要经历的挑战就像要吞下一只大象。即使是一大杯的巧克力牛奶也无法帮助他们平静下来。

有一个幼儿期的孩子对父母来说也是一个挑战。幼儿期的孩子常常感到沮丧、生气、失控或想要得到控制权，这些情绪经常同时产生（这对于幼儿期的孩子来说是非常正常的）。大约在孩子3岁的时候，你会看到孩子有一些攻击行为，通常是女儿对母亲，儿子对父亲。这是因为你的孩子正在经历心理学家所说的恋亲（Oedipa）阶段，就是孩子变得与异性父母关系密切，把同性父母视为不受欢迎的竞争对手。这个阶段通常在6岁左右结束。然而单纯知道这些也是无用的，除非你能与孩子共情，理解孩子成长过程是多么地艰难。

在孩子形成自我意识（内在的声音告诉他做错了什么，这是一个重要的成长里程碑）和构建规则感、秩序感之前去管教孩子几乎是无用的。对于大多数的孩子，大约24个月大的时候管教才有用。帮助幼儿期孩子控制其情绪的最好方法就是帮他命名和理解这个时期的情绪。但是我很遗憾地告诉你，教育幼儿去调节情绪并不能让孩子不再突然发怒，这种愤怒就像被点燃了情感导火索一样。

幼儿经常在自己的欲望和父母的期望之间徘徊。这种挣扎对他来说是身体上和情感上的双重痛苦。当你把孩子的感受用语言表达出来，这不仅能让他感到自己被理解，还能帮助他控制和克制冲动，并增强他对挫折的承受力。比如，你们经过一家玩具店，你的孩子要你进去给他买个玩具。不要简单地说"你不能买玩具"，试着说"我知道你很沮丧和生气，因为你想要个玩具但是妈妈不能给你买。我知道听到'不'并且无法获得你想要的东西会让你感到很难受"。或者当你必须带孩子去看医生，而孩子因为想去公园而大发脾气时，不要说"不，我们今天不能去公园"，而是说"我能看出你很想去公园，因为在学校待了一整天很辛苦，你很想去玩。我知道你感到很悲伤和生气，因为你想玩而我们不得不去看医生"。对于情绪失控的孩子，如果他愿意接受，进行身体接触和爱抚也是有帮助的。最重要的是当他伤心难过时你不会离开他。你自己保持冷静和控制情绪的能力，是帮助幼儿学会调节情绪并最终能够使自己平静下来的关键。用精神分析学术语来描述，幼儿完全就是"本我"，一种无意识的欲望和情感，你是他的外在意识（就像蟋蟀杰明尼一样，也被称为"超我"），为孩子设定行为的界限和规则。最终你的孩子会内化你的声音和规则，并且能够在他的欲望和适当的社会可接受的行为之间进行协调。

陪伴意味着母亲的自我觉察

你是否意识到自己什么时候感到生气、挫败、封闭、厌烦或焦虑，或者什么时候在用笑脸去掩盖真实的感受？你是否了解自己为什么有这种感觉？这种自我了解是正念和存在的核心，正是你的耐心、慈爱、平静和包容帮助你的宝宝度过情绪风暴。

当你的宝宝难过时，只有当你控制了自己的情绪并且清楚宝宝的难过会带给你什么样的感受时，你才能安抚宝宝。你作为母亲能做的最重要的事情之一就是发现并接纳宝宝的难过和痛苦，当他陷入苦恼时陪伴他，而不是让他分心或逗他高兴，或更糟糕，因为宝宝让你感到不舒服而对他的情绪置之不理。

当孩子不太容易被安抚时，许多母亲会感到被拒绝，于是就放弃了对孩子难过情绪的回应。当孩子感到心烦时如果你很难和他相处，那你可能有来自你童年时期的未解决的冲突和问题。当母亲必须去工作或把时间花在自己身上时，产生愧疚感是很自然的。一些母亲在孩子难过时会有强烈的压力反应。事实上，患有产后抑郁症的母亲在孩子哭闹时会产生很高水平的皮质醇，这就像创伤后应激障碍（PTSP）反应[8]。瑜伽和冥想可以帮助你减轻这些反应，心理咨询或心理治疗也可以帮助你。一开始我们通过母亲脸上所表现出来的共情来了解我们自己，但是如果我们在母亲的脸上和眼睛里没有看到我们所需要的东西，我们可以在治疗师的眼睛里和脸上寻找我们所需要的共情。共情是恢复的开始，能够反映我们宝宝的情绪。

陪伴意味着正视和接受愧疚感

愧疚感是一种信号，告诉我们正处于矛盾之中。它提醒着我们，我们有未完成的情感职责或我们对一个决定感到矛盾。当母亲不得不去工作或把时间花在自己身上时，有愧疚感是自然的，也是在预料之内的。

愧疚感对于母亲们来说是很难应对的，忽视或者压制这种感觉经常会导致母亲远离她的孩子。当一位母亲告诉我她感到愧疚时，我鼓励她正视并发现她的矛盾，不要逃避这些感觉。当我们忽视冲突和矛盾的信号，有意识地把它们推开，我们就是在忽视自己。这种否定从长远来看往往会给我们和我们的关系带来更多的问题。然而，当我们能够正视冲突和愧疚感时，我们就有机会找到更令人满意的解决办法。如果一位母亲对离开她的小宝宝感到愧疚，社会、配偶和工作伙伴都告诉她，"不要担心，不要感到愧疚，没有关系"，他们在否定一个简单的事实，即对于母亲或孩子来说这可能并不是"没有关系"。

某种愧疚感过去强烈，对于母婴之间的关系有破坏性，这被称为焦虑。但大多数情况下，愧疚感是我们无意识发送的信号，告诉我们可能在生活中没有找到合适的平衡点。

陪伴意味着允许孩子有一定的挫败感

在健康成长的过程中，每一个人都要有承受一些挫折的能力。但当涉及婴幼儿时，人们对"多少挫折"才合适感到困惑。当母亲无法很快给宝宝喂食或立刻给他们换尿布时，婴儿会体验到一些小挫折。就像麦斯曼所说，即便母亲把宝宝"穿在"身上，或是经常带着他们，他们有时候也会哭（只是哭的次数少一些）。陪伴型的母亲不会忽视孩子的哭声，但是会给宝宝一些时间表达自己的不适，并逐渐增加她用话语和触摸进行回应之前的时间。不论如何，她都会在孩子无法承受自己的情绪或压力过大之前去回应孩子。

这种延迟回应可以让孩子开始尝试自我抚慰，但这并不意味着对小宝宝"任其哭泣"。当1岁以下的宝宝在哭，他需要你来安慰他。最令我不安的是我在公共场所看到父母或照料者让宝宝歇斯底里地哭泣。当我进行劝阻时（我经常这样做）我通常被告知："他只是累了，想要睡觉。"所以我想纠正一下：如果一个宝宝在哭，他是需要你，仅此而已。即使你的宝宝试图入睡，他也在承受对黑暗的恐惧、对孤独的恐惧、对分离的恐惧以及对他自己和你的攻击性的恐惧。所以任由你的宝宝哭，像费伯睡眠训练推荐的样，只会让宝宝确认这个世界是个可怕的、不值得信任的、无法满足他的情感需求的地方，这可能会在日后导致防御行为的形成，这种行为在我很多病人身上会看到。

在孩子1岁以前，宝宝的哭闹通常被认为是由需求或恐惧所引起的，但是在1岁以后，孩子哭闹的原因就有很多了，包括挫折和生气。你安抚孩子的方式并没有改变。如果你的孩子在生气或是感到挫败时，你能够在他愤怒时保持冷静是很重要的，当和更小的孩子在一起时，要采用共情和理解的方式。你可以使用反思陈诉（reflective statement）来帮助你把孩子的感受转换成语言，例如，"你现在好像对妈妈很生气，没关系，妈妈在这里，你对我生气是可以的"，或是"你似乎对妈妈感到不高兴，因为我没有立刻把你抱起来。不高兴是可以的，妈妈现在就在这里"。

陪伴意味着与孩子交谈

研究证明，那些和孩子进行交谈的母亲，不仅仅表达她们自己的情绪，还能准确地用语言把孩子的感受表达出来，因此她们所养育的孩子能更容易地表达出自己的情绪，不容易变得抑郁和焦虑[9]。

你越多地与宝宝谈论你的感受，孩子的感受，或就你们共同的经历进行交谈，就越能帮助孩子了解他的内部和外部世界。当你指着一只停留在树枝上的小鸟，说："看！那里有一只美丽的小鸟，它在唱一首如此动听的歌曲。我感到多开心啊！"这是你在教育孩子不仅仅去发现，还要去描述他的体验和感受。考虑到幼儿和青少年大脑的相似之处，在幼儿期这样做，对孩子（和你）在他成长为青少年的时候也会有所帮助。

母亲们常常问我："在宝宝还无法理解我们的时候为什么要和他交流？"或者告诉我："我丈夫和我在孩子面前吵架，反正孩子也听不懂。"虽然婴幼儿还没有掌握太多的语言，但他们会理解肢体语言和面部表情以及你的语调传达的内容。他们很快就学会了把你的语言和你真实的感受以及你的非语言暗示联系起来。

陪伴意味着和孩子一起玩耍

右脑是形成创造力、趣味性、幽默感和自发性的区域[10]。当你和宝宝一起玩耍时，你既刺激了他的右脑，也刺激了你的右脑。

> 当你和宝宝一起玩耍时，你既刺激了他的右脑，也刺激了你的右脑。

玩耍对孩子来说是最重要的部分之一，它是孩子的语言。孩子在学习字母和数字之前必须先学习玩耍，一个没有学会玩耍的孩子在情感上、社交上和学业上都会存在问题。玩耍是孩子发展想象力、掌控环境、进行交流、解决冲突以及获得控制感和权力感的方式。玩耍是孩子与你分享内心世界的一种方式。玩耍是孩子的日常活动，也是他们的快乐，是他们参与社交或避开社交互动的方式。玩耍是孩子们安全地探索自己的情绪、发展自尊、锻炼体能和社交技巧、学习应对挫折的方式。

和宝宝一起玩耍是一种非常有效的互动方式。我们知道，当母亲和她的宝宝一起玩时，会促进大脑社交情感部分的发展，并帮助调节孩子的情绪。玩耍让母亲和孩子在这令人兴奋的共享时刻中联结在一起。你坐着和宝宝互动时，同时也允许他独立玩耍，这就促进了健康的分离自主、健康的互相依赖。

和孩子一起坐在地板上玩耍会激发你自己最有趣的一面。玩耍时间应按照孩子的时间表来安排，而不是你的。这是一个给予孩子充分关注的时间。让他来决定自己想要做什么，然后跟随他的引导。你可以在玩玩具或搭积木时做个示范，或是演示如何玩玩具，但是允许孩子犯错误，尽量避免告诉孩子如何以"正确"的方式去画手指画或堆积木。你可以描述他的活动（"你在拿蓝色的积木"），并参与到玩耍中（"你还想要绿色的积木吗?"）。对孩子能够处理多大的刺激要敏感，观察她的肢体语言来看音乐声是否太大了，或玩具是否太多给他造成困扰。让孩子表达出自己所有的感受，即使这些感受使你感觉不舒服。如果孩子对一个玩具失去了兴趣，你可以给他提供其他的玩具，如果他不想和你一起玩了，也无须感到失望。

从出生到 12 个月：妈妈请带我玩耍，我也会带给你快乐

出生后的第一年，宝宝在探索他的世界，尤其是用他的小嘴。适龄的玩具像摇铃、风铃、可咬的玩具和软布书都会让孩子兴奋并且不会让他感到挫败。这时候可以把玩具递给宝宝或放在他能够碰到的地方，在

你照看的时候让他自己去探索。

无论你和宝宝听着巴赫摇摆还是听着你最喜欢的摇滚乐队一起跳舞，音乐都可以刺激右脑。不要羞于唱歌：所有的宝宝都喜爱妈妈的声音，无论她们的声音如何。

要关注宝宝的非语言沟通，以及你与宝宝之间的特殊"舞蹈"。如果他过度兴奋，没有看你，那么就静静地等待，直到他把脸转向你。你可以鼓励他伸手去抓物体或你的手，这会让他感觉自己很强大，从而对自己的能力建立起信心。鼓励宝宝摇动摇铃而不是你来摇晃它。你也可以通过和孩子之间来回地滚动球的游戏给他一种控制感。

玩躲猫猫可以帮助孩子练习分离。把东西藏起来然后再拿出来能够帮助孩子了解客体永久性（object constancy），明白即使当他们看不见某样东西的时候，这件东西依然存在。从而就能懂得即使你离开，你还会回来的。

12~24个月：小小探险家

幼儿喜欢身体运动，跳、爬、跑等运动能帮助他们感觉自己很有能力，并发展他们的运动技巧。他们也会被他们的便便所吸引，这是成长过程中的一个正常部分。这时可以让孩子玩培乐多和手指画。

幼儿喜欢玩像积木这样的玩具，这可以帮助他们感受对物体的掌控。推拉玩具可以展示因果关系。这些游戏的乐趣在于过程而不是结果。形状分类器、嵌套杯和简单的拼图可以帮助孩子发展解决问题的技能。

孩子喜欢听故事，他通常会记住你反复念给他听的书。虽然这种重复可能会使你感到沮丧，但是对孩子来说是很欣慰的。

在这个年龄段，孩子最感兴趣的是和母亲或主要的照料者一起玩耍，他们和其他同龄的孩子只是坐在一起各玩各的，而不是交流。这就是所谓的平行游戏（parallel play），如果你看到两个成年人坐在一起，每个人都沉迷在自己的手机上，你就会理解什么是平行游戏。关键是平行游戏是儿童正常的发展阶段，当他们在双向关系中学会和他人交流，他们就会成长到下一个阶段（如果他们没有经历这个阶段，这就会导致他们在成年后的社交困难）。

想象性的游戏可以让孩子学会解决情感冲突和恐惧。观察孩子并和他一起玩耍，能让你更好地了解孩子无意识的感觉、害怕和渴望。注意你的孩子需要从你身上获得什么：如果她想要你看着她玩，那么就看着，如果她想要你成为邪恶皇后，你就扮演邪恶皇后。

24~36个月：加入我的假扮游戏世界

在孩子2岁以后，玩耍成为家庭日历的一部分。孩子们会在一起玩，相比于和母亲一起玩，他们更渴望和小伙伴一起玩，虽然当他们玩累的时候会回到平行游戏。

这个年龄段的孩子可以内化秩序和规则，由于他们语言能力、身体能力和解决问题能力的增强，他们更愿意成为集体的一部分，如进入幼儿园。这段时间里孩子们也在学习解决冲突和忍受挫折，因为他们必须学会分享玩具和轮流玩玩具。

另一方面，这也是个非常激进的年龄阶段，孩子会测试他们的（和你的）极限并且经常对抗规则。当他们经历性发展时（是的，的确这么早就开始发育了），会选择父母一方作为他们浪漫的爱情对象，在这一阶段孩子们经常会产生（或表达出）对黑暗、怪兽和噪声更多的恐惧，因为他们在学着去应对自己的攻击性和愧疚感。记住，当一个孩子想要独自拥有父母一方的时候（就像一个小女孩想要嫁给她的爸爸），她必须拒绝父母的另一方，从而可能会导致她产生愧疚感，这对任何一个孩子来说都是很难处理的。

随着想象力的发展，假扮游戏继续占据着重要地位。简单的道具和服装会让他们专注好一段时间。他们会希望你和他们一起玩，那就一起吧。孩子会利用动物玩具、玩具屋和玩偶来表演故事和表达他们的感受。你可以通过在他们玩的时候观察和倾听了解很多东西。

很快就要对宝宝进行如厕训练，像沙子、泥土、培多乐、黏土和手指画等触觉材料为宝宝提供了从社交和卫生角度更能被接受的方式来玩他们的"便便"。

简单的棋盘游戏可以帮助孩子了解规则，并形成公平及对错的概念。你的孩子在游戏中可能变得更有竞争力，并坚持要获得胜利。即使他没有真正赢得胜利，偶尔一次让他赢也是可以的，这可以帮助孩子培养一种成就感。

陪伴意味着帮助缓解过渡和分离的痛苦

当孩子开始探索世界时，他们就在练习分离。正如精神分析学家玛格丽特·马勒、弗列·派恩和安妮·伯格曼所说，当婴幼儿移动能力增强的时候，他们会把母亲当成"情感加油站"[11]。这意味着，刚开始他们离母亲非常近，就像滑冰者在溜冰场抓住栏杆一样。后来，他们把母亲当作是一个安全基地，从这里出发去探索，经常回来碰触她或是进行眼神交流（就像马勒和其他的研究人员所说的，从远处进行接触）[12]，不管怎样短暂的交流，都是要确定妈妈还在那里。安全型依恋使分离对孩子造成的痛苦更少，但是分离仍会造成孩子痛苦，即便他有一个情感上陪伴的母亲。

从 3 个月大开始，孩子认识到母亲是他的生存环境，能够满足或剥夺他的需求。在 6 个月大的时候，他开始认识到他的母亲可能会离开不再回来，这就是我们所说的分离焦虑真正开始的时候。从那时候起，直到 18～22 个月，孩子都会觉得需要和母亲联结在一起，把母亲视为他们安全的来源，当母亲身体上或情感上无法陪伴他们的时候，他们会产生恐惧感。

对年幼的孩子来说，最痛苦的时刻就是他们母亲的回来和离开。婴幼儿需要从他们妈妈身上获取安全感、稳定性和可预测性，特别是在过渡时段，如起床、去午休和午休起床时；去日托所或幼儿园，从这些地方回来；从玩耍时间切换到洗澡时间，从洗澡时间转换到晚饭时间，再从晚饭时间进入睡觉时间等。当你离开家，无论是去工作、超市或是健身房，这都是分离，与其他过渡一样都应该受到重视。

以下是一些你可以做的事情，以帮助宝宝缓解过渡或是来去之间的转变。

当你每次离开孩子时都要说再见。当你不得不离开出去时，你的宝宝表示难过，回应宝宝和痛苦的情绪，并且把这些情绪转换成语言。然后让他放心，你会回来的，他的照料者会在那里照顾他，你也会想念他的。

当你要离开的时候，留出一些额外的时间。当你离开的时候允许宝宝感到难过和生气，而不是匆忙逃离他的感受，因为这些感受会使你（和他）不舒服。

当你离开和当你回来的时候，创建一个例行的程序。例如，在你出门之前，告诉孩子他在一天当中会做些什么，谁会和他在一起，以及你什么时候会回来。唱一首"离别曲"（不论听起来多么幼稚，我的孩子可以告诉你我唱的某些离别曲非常幼稚）或者给你的孩子一些你的东西让他保存直到你回来，一个长时间的充满爱的拥抱，以及你会回来的保证。当你回来了，让他把东西还给你（如果他想）或立即坐在地板上，让你的孩子以他的方式来找你。你可以和孩子玩"我想知道"的游戏

（我想知道大卫今天午饭吃了什么？我想知道安娜今天在游乐场里做了什么？）。你也可以让照料者参与进来。

告诉宝宝你会回来以及你什么时候回来。记住，不管你的孩子有多小，他都能够了解你的意图，即使不理解你所说的话的含义，在某个时刻（比你想象的要快）他会理解你的话。

无论什么时候，尽可能一次离开、一次回来，这样比来来回回进出对宝宝来说更容易适应。如果你刚回来没多久又要离开，最好是离开的时间再长一些。

当你回来后，第一时间就要跟宝宝打招呼并且关注他的感受。如果你必须去洗手间或是打个电话，或者在和宝宝打招呼之前需要一些时间，那么就在家门外完成这些。当你走进家门后，孩子是你唯一的焦点。

尽最大的努力在重要的过渡时刻陪伴孩子，如早晨起床和晚上去睡觉的时刻。当你回来时，孩子对你的反应表明了他是如何处理和你的分离的，以及分离的时间长短。根据的我临床经验，我发现如果孩子与母亲分离的时间较短，孩子很快就和母亲又在一起，就会更容易弥补分离造成的影响。一个和母亲分开的孩子，如果要等很长时间才能见到妈妈（例如，如果一个保姆从日托所接孩子，然后和他待在一起直到他妈妈下班回来），可能会有更多的适应困难。请密切关注这些过渡时刻以发现重要的线索。

和宝宝健康的重聚（不管你是走了 1 个小时还是 8 个小时）看起来是这样的：

你走进门时，宝宝微笑着向你打招呼，并且张开双臂。他会与你的目光相遇并寻求身体接触。

你走进门时，宝宝在为你哭泣。当你抱着他，他很快地平静下来，并且很开心看到你。

如果宝宝觉得你离开太久了：

你走进来，宝宝对你有些淡漠，更喜欢他的代理照料者。他和你没有眼神交流，当你抱着他的时候他会闪躲。

当你进门时宝宝有点闹，当你抱着他的时候很难使他平静下来。

宝宝很黏人，要求很多，即使你已经回家一段时间了，他仍不肯放开你，哪怕是片刻。重要的是不要因为你的愧疚感而忽略了宝宝的真正需求。如果你这样做了，宝宝可能不会给你更多的机会去弥补这种分离。把这些迹象看作是补尝的机会。

过渡性客体的重要性

尊重孩子的对过渡性客体（transitional objects）的需要，如毛毯、毛绒玩具、安抚奶嘴等，当你不在孩子身边的时候，这些都代表着你和你所提供的安全。自我安抚的能力并非在所有宝宝身上都很明显，而且并不多见。如果孩子自然而然地喜欢某个过渡性客体，那么你短时间的离开也就变得比较容易。有时候宝宝用他们的拇指或脚趾作为你不在身边时的过渡性客体。我对母亲们说，吮吸拇指、手或者脚的宝宝应变能力很强。牙医们总是试图让妈妈们担心宝宝吮吸拇指、安抚奶嘴或者乳头依赖的情况，但是在和母亲分开的时候，这些宝宝表现却是最好的。儿童需要牙套的原因有很多，忽视牙医的担忧，有利于孩子的情绪健康。

只有当宝宝身边有过多灰尘的时候，就像《花生漫画》（Peanuts）里的兵兵（Pigpen），才需要去清洗过渡性客体。事实上，气味越大的过渡性客体对宝宝越好，宝宝是通过气味的安慰来获得安全感的。一个朋友告诉我，她女儿的米妮玩偶太脏了，沾满了牛奶和香蕉泥，她觉得必须得清洗了。当她把干净的玩偶给女儿时，孩子突然大哭起来，不接受玩偶了。我的朋友在接下来 1 个小时里在米妮玩偶的耳朵里涂满了牛奶和香蕉泥，女儿心爱的玩偶再也没有被洗过。

任何能让宝宝想起你的物品都可以被当成过渡性客体。当母亲不得不离开孩子超过一两个小时的时候，我总是建议他们在离开的时候把气味最大的 T 恤让宝宝拿着；你的照片也可以作为过渡性客体，可以把你的照片挂在婴儿床边，或者当孩子必须去幼儿园的时候可以让他带着你的照片。如果你在睡觉前没办法待在孩子身边，可以读一篇故事或者唱一首摇篮曲录下来给宝宝听。我的一个患者会把她的钥匙链给她的宝宝，直到她回家。最重要的是不要把过渡性客体（不论是什么）从孩子身边拿走，除非孩子已做好准备好不再需要。根据孩子的敏感程度和他对你的依恋程度，过渡性客体可能会让孩子去幼儿园时有一个良好开端。许多母亲想要控制分离的过程，并希望宝宝按照他们的时间表而不是宝宝自己的时间表来分离。宝宝会在对于他们最合适的时间并且做好准备的时候分离。在强迫他们过早地分离可能会造成不良后果，我在第七章中会加以解释。

> 宝宝会在对于他们最合适的时间并且做好准备的时候分离。

照料者的稳定性对顺利进行分离至关重要。孩子们需要获得对分离的预先告知，这样可以帮助他们了解未来会发生什么并对当下感到安心。让我们了解一下发展中国家的模式，比如，玛丽·爱因斯沃斯在乌干达所做的研究[13]，或者朱迪·麦斯曼在很多国家中所做的研究[14]，即使这些地区的母亲也依赖其他人的帮助来照顾孩子，其他照料者通常是祖母、母亲的兄弟姐妹或者姑姑婶婶，她们在孩子之后的生活中会一直帮忙照顾。如果一个孩子不熟悉她的照料者，或者她的照料者在情感上无法陪伴的话，分离会更加困难，往往会给孩子带来严重的后果。

陪伴意味着教孩子体验内疚而非羞耻

你的孩子正在用新发展的运动技能，怀着强烈的好奇心和走向独立的决心探索世界。他正在努力将周围成年人似乎一直坚持的规则内化。对于有安全感的母亲和宝宝来说，这是令人激动的时刻，但是也是紧张的时刻；对于情感上没有陪伴孩子、非常有控制欲，或者对宝宝新发现的自由感到害怕和矛盾的母亲来说，则会感到更加紧张。试着把婴儿期看作是伊甸园：没有规则，你可以想要做什么就去做什么，你不会对你的任何行为或欲望感觉不好。然后，有人告诉你必须遵循规则，当你行为不好时要感到糟糕，甚至要意识到其他人对此会怎么想。

感到内疚是孩子情绪和社交发展的重要部分。我想把羞耻和内疚区分开。羞耻感发生在孩子生命的早期，它与被爱的感觉以及自我价值感相关。内疚出现在当孩子有自我意识时，它和与社会认可的行为举止相联系。适度的内疚感对于教育孩子和培养幼儿的文明举止来说是一种很有用的工具。羞耻感会导致缺乏联结、感到孤独或是被抛弃。请注意我说的是适度的内疚。我们的目标是帮助你的孩子建立一种自律意识；你想通过让孩子对他所做的事感觉很糟糕来改变她的行为，而不是对自己感觉羞耻。来自父母的严厉批评会使孩子在长大以及成年后形成严厉的自我批评以及较低的自我价值认同。

教育孩子遵守规则和明确界限是一种需要把握好尺度的行为。这需要你的耐心和自控能力，当孩子尝试去掌控自己情绪的时候，你也能掌控你自己的情绪。对一个幼儿说"不"，就像在公牛面前挥动红旗一样。我建议父母只有遇到会导致危险的健康问题或安全问题的时候才用强硬的口吻说"不"。例如，如果幼儿伸手去拿剪刀的时候说："不，这个很锋利会伤害到你，我们不玩剪刀。"然后轻轻地但坚决地把剪刀拿开。但是当不存在健康和安全问题时，尝试（可能会很难）去了解孩子的感受并把这个感受反映给他，就像你在他还是婴儿时期做的那样，然后你做出一个示范告诉他什么才是正确的行为。如果你的宝宝把装满果汁的鸭嘴杯扔掉，试着说："我知道你觉得扔你的鸭嘴杯很有趣，但是如果你把你的杯子扔掉，果汁就会撒出来，你不会有新的果汁了。我们还得进行清理，你也许会难过，那就让我们以后不再扔鸭嘴杯了。"

陪伴意味着在夜晚的时候安抚你的孩子

特拉华大学心理学系的伊丽莎白·希格利和玛丽·多齐尔指出，夜间的安抚和安全是培养一个情感健康和有安全感的孩子的必要条件[15]。如果你的宝宝每次只睡 1～2 个小时，可能只需要稍加安抚。对新生儿来说尤其如此，他们每几个小时就必须喂一次奶直到他们的胃不断变大，两餐之间的时间变得更长。

虽然在其他国家，许多母亲不会考虑和宝宝分开睡，但是在美国，大多数宝宝都有自己的房间。在一张家庭大床上和母亲同睡是否是最好的方式还存在争议，最坏的情况无非是认为有危险。然而，哺乳动物（包括人类）是逐步进化成睡在宝宝身旁的，当他们在一起睡的时间长达 6～12 个月的时候，对于母亲和孩子都有好处。当宝宝睡在母亲身旁的时候，孩子睡得更香，并且能够按需喂奶（如果母亲正在哺乳期），而且孩子不用完全清醒过来（孩子的母亲也不用完全清醒），保持温暖而不过热，孩子也哭得更少。根据戴维·卫弗斯的一项研究，和母亲一起睡觉的宝宝皮质醇水平更低[16]。贝耶尔、瑞克森·瓦尔拉文和德·沃森的研究，以及维森费尔德等学者的研究均证明，进行母乳喂养的母亲焦虑程度更低[17]。如果宝宝醒来，母亲和孩子也会比较容易再次入睡。如果你担心和你的宝宝睡在一张床上会出现危险，可以考虑用摇篮或床上婴儿篮。

如果宝宝在他自己的房间睡觉，并哭着要你，你必须完全清醒过来，然后从床上起来。把宝宝从婴儿床上抱起来喂他或者换尿布，这会让孩子兴奋，从而使孩子（和你）更难再次入睡。

另外，宝宝生来睡觉就日夜颠倒。当孕妇晚上躺下的时候，她的宝宝却开始活跃起来。如果你知道母亲在休息的时候能给她的孩子提供更多的血液，也就不会感到不解了。当孩子出生时，他保持着同样的睡眠清醒时间表，在白天的时候休息，晚上的时候变得更加活跃。我们在孩子出生后的几周帮助调整宝宝的时间表，这样他就能在晚上的时候睡觉，在白天的时候更活跃。当你想要睡觉的时候，你的宝宝仍然想要跟你互动。因为，宝宝知道在晚上他不必和家务、其他人或者你的电话争夺你的注意力。既然如此，他何必睡觉呢？

当孩子渐渐长大，他在晚上还会很不安。夜晚是和你分离的时间，而你是他感受慰藉的主要来源。因此，对于孩子不想去睡觉，直到非常累了才会睡着，你还会觉得奇怪吗？即使宝宝很容易入睡，你会发现当他感到难过或者你离开很久的时候，他也可能不想在没有你陪伴的情况下去睡觉。

当宝宝在半夜哭着要你的时候，请记住他哭是因为他害怕。尽快赶到他身边安慰他，通过抚摸和你的声音来使他平静，或者如果需要的话把他抱起来，直到他能够再次入睡再离开，或者待到他对你的离开不会感到不适。这样你能让他知道他是安全的。不理宝宝的哭闹，让孩子哭到歇斯底里甚至呕吐，这可能会在短时间内孩子学会自己入睡，但是对他的情绪健康可能会有长期的影响。附录 C 提供了一些可以帮助你和你的孩子的方法。

针对职场母亲的一些建议

不论是做兼职的母亲还是全职工作的母亲，和孩子待在一起的平均时间都比不工作的母亲要少。她们可能会发现自己的孩子比较难以适应改变和入睡，她们需要花费跟玩一样多（甚至更多）的时间来安慰他们。大部分职场母亲会感到疲倦、不知所措、矛盾，并对没有花费足够的时间和孩子在一起或是在工作上没有投入足够精力而内疚，情感和身体上的能量都消耗殆尽。如果你是一位职场母亲，有时候你可能会感觉作为母亲的艰辛比得到的甜蜜要多。

对于一个职场母亲来说，最好的工作就是可以控制她工作的时间并能够灵活地决定自己的时间表。无论是否有最理想的工作环境，你都可以做出对孩子和家庭最好的选择。如果你的工作需要轮班，不论你是医务人员还是销售人员，白班比夜班要好。如果你必须出差，当日往返比那些需要长驻的差旅要好，特别是在孩子生命的前三年里，当日往返可以让你在孩子的过渡时段在家中陪伴孩子。重要的是设定工作的界限，包括同事对你的期望和你对自己的期望。

玛拉在她对孩子的义务和对工作的责任之间取得了很好的平衡。玛拉是一家律师事务所的合伙人，在女儿出生后她就跟事务所协商了6个月的产假，产假结束后一周工作三天。两年后她的儿子出生了，在产假休完后，她把工作时间缩减到一周两天，她的孩子现在上高中了，她还在做兼职工作。她的地位和终身聘用给了她有利条件，使她在假期和工作时间安排上可以有协商的权利。她说："我显然放弃了很大的升职机会、金钱和声望，但是能够换来和孩子在一起的时间，我感觉很值得。孩子们现在都是青少年了，我和他们的关系仍然很亲密。"

"关于什么我可以做到什么我做不到，我对老板和自己都很坦诚。我知道我工作的界限和能力的局限，并明确地表达出来。我了解我自己，什么对我来说是重要的。我在一个强调养育和家庭的环境中长大，我很清楚我最看重的是什么，那就是家庭关系。"

玛拉的例子很好地说明了，不把妥协当作一种义务，而是作为一种自由，这一点是多么重要。了解你自己和对你来说什么是最重要的，明白自己能做什么不能做什么，在经济上能拥有什么和不能拥有什么，这些对于陪伴孩子很关键。同样重要的是对你的老板坦诚，让他知道你的界限和优先事项。陪伴孩子需要有自我认识、坦诚，最重要的是找到折中方案。

当然，我在这一章所讲的内容适用于所有的职场母亲，这里有一些建议，可以让女性更容易去平衡事业和养育孩子。

- 在你回家后和宝宝睡觉之前至少留两个小时。如果宝宝一整天没有看到你，而你在一回到家就试着让他爬上床，他会抗拒睡觉。

- 灵活地安排时间，尤其是睡觉时间。如果你比平常更晚回家，要一直陪在他的房间里直到他睡着。你可以利用不断的安抚来使孩子平静和放松，比如说"现在是睡觉时间，妈妈在这里"或者"现在是晚上，是睡觉和休息的时间了，妈妈在这里"。不论你说什么都要包括这个短语，"妈妈在这里"。当他从醒着过渡到入睡，你不需要（事实上也不应该）和孩子互动。孩子需要的是你的陪伴和安抚。这可以是你的放松时间甚至是冥想时间。把这看成是一个放松练习而不是一种负担，无论怎样都不要在你很饿的时候把孩子放到床上，这样你会有一种紧迫感，想让你的孩子尽快入睡。

夜间的安全感比白天更重要。

- 记住，夜间的安全感比白天更重要。如果你在外一整天，你的孩子在晚上会更加需要你，并且会经常醒来。

- 如果你有不止一个小孩，把睡觉时间错开 10~15 分钟，这样每个小孩都能有和你单独在一起的时间。

- 通过你的行动告诉孩子，你的优先选择是他而不是工作。尽量让工作远离你的生活。要明确告诉别人你会晚点回复邮件和电话。如果你不得不在晚上或周末在家工作，那么就等到你孩子睡着了或者在他小睡的时候工作。

- 当你结束工作回来的时候，把孩子放在首位而不是你的伴侣。你的伴侣能够等你，你的宝宝不能。

- 尽最大的努力保持规律的时间安排。即使是很小的宝宝也会对妈妈什么时候回家有感觉，并且当妈妈没有在预期的时间里回家时，他们会感到不安或难过。

- 如果你在家工作，要考虑到那可能会让你的生活更加混乱。如果你和客户有重要的电话或者需要连续的时间来写报告，那就安排照料者带着宝宝去散步或者参加活动。

- 花尽可能多的时间和孩子在一起。如果你在外一整天，尽量不要安排晚上和别人会面。孩子生命的前三年，不要安排要离开孩子的长假，或者是做一份需要长时间出差的工作。

- 如果你需要很快离开就不要在白天回来。记住，出去一次、回来一次是最好的。

- 如果你的预算允许的话，把家务和准备食物的工作请别人来做，或是尽可能在宝宝睡着时做清洁和准备食物。从食品到家用品，再到婴儿用品，所有的商品都可以提供在线送货服务。利用这个便利条件，把你每周要买的东西都设置为自动送货服务。

- 利用上下班路上的时间和午饭时间做一些跑腿事情和其他任务，比如付账单。

- 当你陪伴孩子时，尽量对外部要求说不。其后果并不像你想的那么可怕。

- 要意识到你对工作和育儿的矛盾情绪。和你的伴侣、朋友或者治疗师谈论你的感受。

- 最重要的是：当你需要帮助的时候，要向任何可以帮助你的人求助。

无论你是待在家陪着孩子还是在外面工作，你在处理焦虑以及陪伴孩子的方式上，即使一些小的改变，也会让你们的关系大不相同。

针对单身母亲的建议

很少有单身母亲不需要工作就能养活她的孩子。她可能经常感到与人隔绝和孤独。在一天结束后，单身母亲下班回家后经常独自和她的孩子在一起。她可能在孩子重要的日常过渡时段中无法和孩子待在一起。单身母亲比那些有伴侣的全职妈妈或职场妈妈更需要获得别人的支持。如果她生病了，或宝宝生病了，或当她筋疲力尽时，通常没有人出手帮助，给她安慰。没有伴侣或配偶的单身母亲，需要和家人、朋友、邻居建立起联系，依靠他们来获得支持，并一起分享育儿过程中的快乐与挑战。

如果你是一位单身母亲，具有一定的经济资源并且家里也有地方，对你和孩子最好的选择是创造一个共同养育的环境，让其他照料者或家庭成员住在家里。当你与他们分担照顾孩子的责任时，你也会依赖他们来给予你支持，这样你就可以有足够的情感资源来照顾你的孩子。母亲们需要滋养自己，这样她们才能更好地养育她们的孩子。当她们孤立无援，得不到支持，她们就很难照顾好她们的孩子。

这种育儿支持可以来自很多人，如你的大家庭、你的朋友或替代照料者。最佳选择是住在家里的照料者，其次是住在外面但可以来你家中的照料者（亲人或非亲人）。其他选择请参见第六章。无论你对照顾孩子做了什么安排，最好是找到一个能够花时间支持你和陪伴孩子的照料者，在一天开始和结束的时候来使过渡顺利进行，并且在你工作的时候能照顾你的孩子。

照料的稳定性对于单身母亲的孩子来说尤为重要。其他照料者（或者照料者们）应尽可能长时间地在孩子的生活中陪伴。如果可以，尽量围绕孩子的时间表来安排你的工作时间和其他需要做的事情。不论你工作多少小时，坚持一个规律的和可预测的时间安排会帮助你的孩子建立安全感。永远记住，你的孩子是你的首要的选择。

第五章　做得更好：强化和修复母亲与孩子的联结

到孩子 3 岁的时候，他们就会懂得，你离开后仍会回来。在那之前，他们一直生活在当下，把你的离开视作一种失去。孩子年龄越小，失去感就越强烈。即使你仅仅离开了一两个小时，你的离开也会对母子之间的联结造成一点损害，就像拉扯一件毛衣，衣服会逐渐变薄直至被扯破。当你没有正确解读孩子的痛苦时，同样的事情也会发生。母婴关系的"毛衣"在生活中的拉扯是正常和预料之中的。作为一个陪伴型母亲，如果你能够修复那些失误和缺席给孩子带来的不安，母婴关系的"毛衣"会更加牢固。

即时情感修复

育儿是帮助孩子调节情绪的即时过程。在孩子 3 岁前，母亲当然不可能每时每刻都陪伴在孩子身边。不论母亲是否在外工作，即使是拥有最安全的情感依恋的孩子和母亲也有一半的时间会在沟通上出现误解。如果母亲和婴幼儿之间的联结非常紧密，并且在情感上保持同步，

> 育儿是帮助孩子调节情绪的即时过程。

母婴关系"毛衣"的磨损就能很快被修复，从而避免被扯破。修复母婴关系需要共同努力，但始于你。如果你努力尽快、细致地修复你和孩子之间身体上的分离以及情感上的误解，那么孩子会感到被倾听和被理解。

这不仅给孩子提供了即时的安慰，并且当这些互动不断被重复，孩子知道他可以信赖你，当你不在家的时候，他可以进行自我安慰或是分散自己的注意力。这种安全感也可以转移到其他照料者身上，最终转移到其他关系上。因为孩子会认识到，即使其他人不能够每时每刻理解他需要什么，他也能处理这种误解，直到他的需求被满足。这个过程让我想起了我女儿学校的 3D 打印机，要逐层打印物体直至完成构建。在这种情况下，我们要打印的物体就是孩子自我情感的形成。当孩子的母亲修复了又一处不协调的情绪时，她就为孩子的认知建立了又一个重要的层面，那就是让孩子认识到，不管关系多亲密，我们既有可能满足他的需求，也有可能无法满足他的需求。

宝宝通过伸手、咿咿呀呀、大吵大闹、哭泣或者皱眉来表达他对母亲的需要。如果你没有回应他，他的注意力会集中在物品或他身体的一部分（比如手指或者脚趾）上。他可能会晃动自己的身体，吮吸自己的手指，或是扣紧自己的手。如果这样还没有获得回应，宝宝可能会变得无精打采，对周围的环境不感兴趣。最终他甚至可能会讨厌母亲，失去了保持专注于其他事情或者其他人的能力。

哈佛大学发展与临床心理学家、儿科副教授埃德·特洛尼克，专门研究母亲和孩子之间沟通中误解的修复，他发现："宝宝在修复不协调的亲子关系中，如果无法成功找到解决方法且不断失败，他就会开始感到无助，并且最终放弃尝试修复不协调的关系。"[1] 该结论是特洛尼克通过实验得出的。在每次实验中，母亲们都会有几分钟保持"平静的面孔"或者面无表情，在宝宝的面前就像一个注意力不集中、不感兴趣、沮丧或者筋疲力尽的母亲。起初，宝宝试图用微笑和声音来获取母亲的关注。当没有得到回应时，他就会表现出我前面所列举出的压力和拒绝的迹象。当宝宝仍然无法得到母亲的回应时，他就开始变得绝望了。在对 7 个月宝宝的研究中，特洛尼克还发现了那些和孩子在一起总是保持积极态度的母亲，她们的孩子会更活泼、更积极地与人交往，而那些母亲情绪低落的孩子对玩耍和社交兴趣较低[2]。

以下就是如何进行即时修复的例子：

> 阿曼达6个月大的女儿詹尼弗刚刚从小睡中醒过来。她坐在母亲对面的地板上。阿曼达和詹尼弗进行了眼神交流，并且轻声地对女儿说话，使女儿从睡觉到玩耍的过渡变得更轻松："你刚刚睡起来，你想和妈妈一起玩，但是你还有点困。"詹尼弗对母亲微笑，阿曼达用温柔的微笑回应她。阿曼达抚摸着詹尼弗的手，詹尼弗紧握着母亲的手，微笑着、咯咯笑着。阿曼达被她手机的振动声分散了注意力，转过身去，詹尼弗皱眉有些不高兴了。阿曼达转身回来面对詹尼弗，然后说："对不起！我没有重视你。"詹尼弗张开双臂奔向阿曼达，微笑着、咯咯笑着。阿曼达唱歌给詹尼弗听，她们看着一本色彩丰富的童谣书，但是很快詹尼弗需要休息一下，她着迷地看着自己的脚趾头。阿曼达静静地等待着，直到詹尼弗把注意力转回到书中，就像在象棋游戏中，在她急着走自己的下一步棋之前，她要等待着对手先走完下一步棋。

互动中的暂停是陪伴的一个重要部分，但是更重要的是修复沟通中的误解。当你和另一个成年人说话时，是否会等对方说完他的想法后再发表意见？你会打断他还是在互动中给对方留出空间来表达对他的观点和感受的尊重？通过等待詹尼弗重新把注意力放回来，阿曼达真正考虑到了宝宝的感受并且实现了情感陪伴。

这种对各种社交互动和情绪调节的细心修复会出现在宝宝生活中的每一天、每一时刻。这种安慰、玩耍和回应的"舞蹈"使宝宝学会如何在他们的情感世界中遨游。

你回来的第一时刻

当宝宝在其他人的照顾下已经有一段时间没有和你在一起，关于修复关系最重要的部分就是，当你回来后，越快进行修复就越好。这一点如何强调都不过分！正如玛丽·爱因斯沃斯的陌生情境实验所展示的，在你回来的第一时刻发生的事情对你和宝宝的关系有诊断性和启发性[3]。在身体或者情感上的分离后，准确理解婴幼儿的暗示才是关键。你一天中的大部分时间都不在家，不论是去了体育馆还是市场，对宝宝表现出来的任何情绪，不管是积极的还是不太积极的，都应该接纳。如果你愿意接受并承认宝宝可能因为你而感到伤心或者生气，甚至不想和你在一起，那你就更有可能修复因分离而造成的裂痕。

当妈妈们问我，她们的宝宝对她们离开或回来的反应是否正常，我会告诉她们关注宝宝是否存在无反应或者反应过度的情况，如果有反应就不用担心。对于分离有一些反应——开心、激动、生气、悲伤——是正常的并且健康的，这意味着你的宝宝依恋你，对你的离开会有失落感。

离开之后若要修复关系，就要求你在回来时把所有其他的事情都放在一边。当你走进门或在你们分离之后，你的眼神第一次和宝宝相遇时，任何在你回来后会使你分心的事（一个你必须打的电话、和配偶的交流甚至是去卫生间）都应该先被搁置。你看过在爱情电影里两个相爱的人张开双臂跑向对方的那种情景吗？当你回到家并不会发生什么激动人心的事情，但对于宝宝来说，他的最爱已经回到家了，这（应该）是一件大事。

如果你没有拥抱或者亲吻宝宝，他可能对你的归来产生矛盾心理。在一个安全型依恋宝宝的脑海里可能进行着这样的对话："你离开了我，你没有马上回来，现在你回来了，我对你感到生气。但是我需要你。但是你今天让我很伤心。但是我想你。你回来就不再走了或者你还会再次离开？我可以相信你吗？我不知道，哦，天哪，我想你妈妈，给我一个大大的拥抱，不要再离开了！"

在一个不安全型依恋宝宝的脑海里的对话可能是这样的："你像以往那样离开我，我真的对你感到很生气，我不会再相信你，我会照顾好我自己，事实上不是，但是我知道我不会再相信你，让我看看还有谁能让我相信、可以照顾我，哦，是的，保姆待在我身边的时间更长。我不再需要你了。"或是这样："妈妈，我今天非常需要你，但是你不在我身边，你在哪里，我感到好孤单，没有你我感到很空虚，你不要再离开我，妈妈请让我抱着你，永远不放手，妈妈，没有你的陪伴我是如此难过，过来，不要让我走开。"

宝宝和你的关系在某种程度上和成人之间的亲密关系并没有什么不同。当有人因为亲子关系困难来找我时，我问他们的第一个问题就是"当你的伴侣离开你的时候，你是什么感觉？你会想念他（她）吗？"如果答案是否定的，要么就是没有爱，要么就是我的患者在爱的方面存在困难。这对于宝宝来说也是一样的。如果一个宝宝对于和母亲的重聚没有反应，这通常是不安全型依恋的信号，不是一种健康的独立和自立。另一个极端，如果宝宝对于分离和重聚反应过于强烈，这也是不安全感的信号，也表明了他和母亲关系中的裂痕没有得到充分的修复。

给孩子所有的关注

把下班后的时间放在孩子身上非常重要，如果你一天中大部分时间都不在孩子身边，更应如此。我经常建议母亲们和父亲们把他们的手机和所有的科技产品都放在靠近门的一个篮子里，直到孩子们都睡着才拿出使用。这样他们就不会把注意力放在工作或者其他家庭之外的社交生活上了。

苏妮娅·卢瑟和肖恩·拉藤得烈斯对富裕家庭和贫穷家庭的孩子的研究发现，情感最健康的孩子是那些在社会地位和经济方面处于中间阶层的父母的孩子[4]。这可能是因为父母和孩子在所有事情上都不会有太大的压力去竞争或者追求成功，但是更重要的是，父母把很少的时间和注意力用在自己身上。

> 苏美拉是三个孩子的单身母亲，从哥伦比亚来到美国。她在一家工厂找了一份全职工作，并向孩子们清楚地表达她是多么想他们，多么希望能不被迫离开孩子们去工作。当她回到家时，她的时间就是属于孩子们的，她不会再次离开他们。她的工作不会影响她在家的时间安排，并且她明确告诉朋友，如果他们想见到她，就必须把她的孩子们包括在内。

我们知道经济上的压力和困难、较差的及不舒适的生活条件、不称心的工作都是影响亲子关系的压力源，但是很少人会把强大的财力和较高的追求（无论是社会地位上还是职业上）与破坏亲子关系联系在一起。当一个母亲下班回家，又要出去吃饭时，她这么快再次离开，就会破坏她之前对亲子关系所做的修复。

夜间修复对安全依恋至关重要

对于孩子来说，夜晚是一天当中最可怕的部分。夜间的修复对于所有母亲和孩子来说都是至关重要的，特别是对那些工作的母亲或者在一天中离开孩子超过一两个小时的母亲。朱迪·麦斯曼告诉我，许多来自其他文化背景的母亲把"美式的强迫孩子在这么小的年纪就自己睡觉并且任其哭喊"视作虐待。在我们的社会对独立自主的吹捧中，我们理想化了费伯和他所推广的夜间独立法，这样我们就错过了修复孩子情感或身体上缺失的最重要的时机。在一项关于夜间孩子安全感的研究中，伊丽莎白·希格利和玛丽·齐尔发现，母亲在晚上回应孩子情绪的敏感程度会对孩子在情感依恋上的安全感造成影响[5]。在对生活在基布兹（一种集体生活环境，父母都是全职工作，孩子都是在集体的环境中被照顾）的母亲和孩子的一项研究中，莱顿大学的马里纳斯博士发现，与父母一起睡觉并且晚上能够得到母亲安抚的宝宝，比那些和父母分开睡、母亲不在他们身边的宝宝在情感依恋上更能获得安全感[6]。夜晚，母亲可以通过身体接触、关爱以及对宝宝的恐惧做出快速而敏感的反应，来对一天中在亲子关系上出现的不协调以及疏离进行修复。

修复和调整

亲子关系修复的一种可能的方式是在保住工作的同时花更多的时间和宝宝在一起，但是也可能意味着暂停工作，或是在宝宝很小的时候重新思考工作和家庭之间的平衡。

亲子关系修复通常要求在一段关系中重新调整优先顺序和责任。这可能意味着伴侣（或配偶）作为非主要照料者的伴侣必须在短期内承担更多的经济责任，也可能意味着生活方式的改变。我经常看到父亲们可能不理解母亲角色的重要性，当他们的妻子想要减少工作或者想要待在家中陪伴孩子，他们会感到担忧并且不支持，特别是当这种改变会威胁到家庭的财务状况。一些父亲会有被背叛的感觉，因为他们的妻子在很早前就声称"自己一直想要工作"，但是当她们有了宝宝后想要照顾孩子的愿望变成了她们主要的关注点。

吉娜在一家医疗用品公司做全职工作，并且告诉她的丈夫她会一直工作。她在每个孩子出生后的3个月产假结束后回到工作岗位。当她的女儿3岁、儿子18个月大的时候她来见我，因为她很担心女儿，她的女儿总是对她感到很生气，还在幼儿园里打、踢其他的孩子。吉娜觉得她和孩子之间缺乏联结，并感觉自己和他们在一起的时间太少了。她意识到要陪伴孩子和缓解她与孩子们之间的疏远，可能需要辞去她的工作。吉娜最终决定全职待在家中，对于孩子来说这是最好的选择。做出这个决定后，虽然家庭的经济状况改变了，而且她的丈夫对她的决定感到很不开心，但她惊讶地发现自己的压力减轻了很多。

　　在吉娜的陪伴和关心下，女儿对她生气的情况越来越少，并能通过语言来表达自己的感受，而不是身体攻击。吉娜的儿子虽然似乎适应了之前母亲上班时不能陪伴自己的情况，但现在很明显变得更加热情。吉娜对辞职并不感到后悔，并认为这是她做的最好的选择，即使给她的婚姻带来了压力。尽管她的丈夫仍然对她的选择很难认可，但他开始认识到，虽然他们的财务状况改变了，但是这对他们的孩子更好。在辞去工作两年后，吉娜决定回去做兼职工作。

　　当我和年轻女性交谈时，我经常发现她们相信自己能做到对男朋友、未婚夫或年轻的丈夫所说的"我会一直做全职工作，所以当我们有了孩子，我们的生活不会有任何的改变"。好吧，有些人并不知道实情！当你有了小孩后一切都变了。我总是告诉年轻的女性不要去做这种承诺。一位年轻的单身全职妈妈告诉我："我不知道那些有工作、有丈夫的女性是如何陪伴她们孩子的，当你不工作又没有配偶时会非常艰难。"这是很真实的陈诉。

　　听起来可能有争议，但这是基本常识：每天的时间是有限的，你的精力和情感资源是有限的。如果你的职业要求非常高，或者在你怀孕或照顾孩子时你的丈夫并不能给予很多支持，那么你将面临各种需求相竞争的局面，你会更少地陪伴孩子。

在孩子 3 岁前，伴侣对母亲或者孩子的主要照料者会产生一些不满和竞争的感觉，这是很正常的，但事实就是当孩子非常小的时候，你的伴侣需要做出一些情感的和身体的（如缺乏睡眠）牺牲。如果这个竞争非常激烈，一直是未解决的冲突，这可能会影响你和伴侣之间的关系，以及你们和孩子的关系。

如果你的伴侣不支持你在晚上把时间和精力都花在孩子身上，你该如何处理？你对宝宝需要你这个事实的了解和自信，将会是伴侣认可和接受这个事实的桥梁。当你的伴侣明白孩子生命中的前三年对他们的健康和未来是多么重要，就可能会帮助他更容易适应你们关系中的改变。我总是提醒父亲们，他们在养育小孩上扮演着重要的角色，只要他们能有耐心且支持母亲对孩子的陪伴。

如果你有其他的孩子在回家后也要求获得你的关注，会发生什么呢？修复母亲与兄弟姐妹的关系意味着帮助他们理解轮流和母亲在一起的概念，就像要教会他们分享玩具一样。虽然对 3 岁以下的孩子来说，分享玩具似乎是不可能的，也很难分享母亲的爱和关注，但让孩子们轮流玩玩具会比较现实。

最好是和每个孩子都有单独的重聚。孩子越小就越需要你回来后尽快团聚。解决这个问题的一个方法就是打电话给孩子的照料者或者是伴侣，安排年龄较大的孩子在门外见面，或是一进门就见面，让他获得你的第一关注。然后你可以把注意力放在你的婴幼儿身上。在 3 岁以后，孩子们能够更容易和更小的弟弟妹妹分享你的关注，直到你可以单独地和他们待在一起。

请记住，有太多的事情会分散你的注意力。忘记"高质量陪伴时间"的观点。越多的物理时间和孩子在一起，建立联结的机会就越多。当然你的时间越少，按照你的时间安排强迫孩子与你建立联结就越困难。

治疗和反思都是修复

修复需要进行反思。但最重要的是，在你还没有和孩子建立联结之前，作为母亲先要进行自我修复。母亲们必须先修复对自己母亲的未解决的失落、悲伤和愤怒的情绪，然后她们才能希望修补她们和孩子之间的关系由于离开所产生的裂痕，不管是只离开一会儿还是一整天。虽然我给了你们一些指导、建议和忠告，但是除非你能够挖掘自己内心深处，了解自己的欲望、恐惧、联结、依赖和亲密，否则这些都是无用的。大多数的母亲会说自己爱孩子，她们想要亲近孩子，但是在更深层次的反思中，许多母亲认识到她们存在严重的情感障碍和冲突，这可能会影响她们想要和孩子亲近的欲望。

谈话疗法使人反思，是最有效的一种修复方法。对于母亲来说，她们可能会感觉第一次有人理解她们，这使得她们能够以不同的方式和孩子进行联结。这种治疗不仅为母亲们的愤怒、悲伤、失落和悲痛等情感提供一个场所，还让她们获得了支持和帮助，使她们与宝宝之间的联结更加紧密，并重新平衡她们的生活。治疗提供了一种环境，让母亲看到她们自己内心的冲突以及她们婚姻中的冲突，同时还支持母亲们决定在不忘记自己需求的前提下关注孩子的需求。

> 对你和孩子来说，不论什么时候开始进行修复都不会太晚。

好消息是：对你和孩子来说，不论什么时候开始进行修复都不会太晚。

尽最大的努力

通常，母亲们在工作还是不工作上没有选择，而且她离开孩子的时间长短也不是她能够选择的。对于苏美拉来说，在工厂工作来养活她的三个孩子并不是她的第一选择，25年后她和我谈话时，她的悲伤和痛苦仍显而易见。她能和孩子们谈论他们的需求，以及她必须做出的艰难决定，那时和现在她都愿意表达出自己的悲伤情绪，这些对于她和孩子之间关系的修复起了很大的作用。即便如此，她还会感受到她成年女儿的愤怒，她女儿感觉分离是一种创伤，虽然她的儿子已经能够原谅她了。

当孩子和母亲分开时，这是他最易受伤害、最脆弱的时候。接受这种悲伤情绪有助于孩子和母亲对缺失进行哀悼。如我们所知，当我们失去所爱之人，如果我们在失去的时候不哀悼，就会压抑和内化我们的情绪，在之后我们会有更强烈的情绪，或者把这些情绪转化为身体上和情感上难以被治疗的疾病。当我们对自己的缺席或孩子的感受感到太过内疚或不安时，我们要么忽略、要么否定这些情绪，孩子和我们之间的情绪差异会让他感到孤独。当我们在非语言上和语言上不仅允许我们的孩子感到悲伤并且认可他的悲伤时，我们就是在进行修复。

宝宝在母亲离开时感到生气和悲伤是正常的。如果一个宝宝无法安慰自己或是无法被他的照料者安抚，他可能会变得很生气，身体上有攻击性，或者有时候会表现出极端的行为，例如把头撞到婴儿床上或是把自己摔在地板上。

当宝宝在他的母亲离开或者回来的时候打她，这是一个信号，说明他因为母亲没有给予足够的身体上和情感上陪伴而感到生气。如果我们能理解这些情绪，并以我们的行动和语言接受和认可这些情绪，就可以修复我们与孩子之间的裂痕。如果你因为自己感觉心烦或是被拒绝，你便惩罚孩子的一些反应，这些反应包括攻击性行为，用非语言的方式（不理睬或者发脾气）或语言的方式进行反击，抑或是情感上封闭，那么你的宝宝基本上就没有一个安全的场所来接纳他的情绪。

修复就是要有一个安全的场所能够让你和宝宝一起分享和处理你们的情绪。这需要有一个情感安全、有同理心的母亲来接受宝宝的悲伤和敌对情绪，我发现这对所有的女性来说都不是自然而然就能够做到的，这可能会受到她们童年经历的影响。

公开、真诚地向孩子表达自己对于无法陪伴孩子而感到难过，"当我工作的时候我感到很难过，因为我不能在家和你在一起"。这是对于因为你离开而造成的情感疏离进行修复的第一步。我相信孩子们对父母无意识的情绪有个探测仪，他们知道什么时候你在尽自己最大的努力，他们能感受到你在努力做得更好。他们知道你什么时候想要和他们在一起，但是却不得不离开，他们会原谅你。可是，孩子们也知道母亲什么时候是可以选择陪伴他们的，但如果你经常选择其他的活动而不是他们，他们也会感受到。

如果你的离开是别无选择，或者你需要暂时离开来给自己保持和补充能量以便更好地照顾孩子，那么你必须原谅自己无法陪伴孩子。然而，不论是离开几分钟还是几个小时，修复关系最重要的部分是承认和接受孩子对于你离开和回来的情绪反应。有一位母亲对我说："我愿意付出任何代价，如果我的妈妈能承认她的缺席，如果她能说抱歉，并且是认真的。"

第六章 当你不能陪伴孩子时：
替代照料的利与弊

在孩子出生后的前三年，对孩子来说最好的情况就是你在身体上和情感上的陪伴占据他大部分的时间。我知道这对大部分的女性来说是不现实的，因为经济方面的压力、对在外工作的强烈渴望或情感障碍等原因。如果你无法自己照顾孩子，那下一个最好的选择就是他人代替你来照顾孩子，不论是你的丈夫、你的母亲、其他亲戚或是保姆。如果这个选择不可行，那么与另一个家庭共享一个照料者也会是一个有效且经济的选择。我认为替代照料最不明智的选择就是由日托机构照顾，但是如果你选择了日托，那么你也能根据一些建议找到一家最适合孩子的日托所。

在心理学领域里，一些人认为，对于认为自己不够有耐心或者对孩子不好的女性来说，最好不要照顾孩子，而由其他照料者替代。我不认为我们应该这么快就放弃如此重要的母婴关系。这不是意味着一个温暖有爱的替代照料者在支持母亲和缓解母亲压力方面没有帮助，但是当替代照料者解决了冲突，并且所有人都告诉母亲们因为她们处于挣扎和矛盾中，由其他人来照顾她的宝宝会更好，我们就遇到麻烦了。这是与母亲们一起努力的时候。对于许多我看到的因为离开宝宝而感到内疚的母亲而言，这是她们考虑问题的出发点。然而，当这些母亲逃离的时候，她们经常会产生强烈的负罪感，因为在宝宝最需要她们的时候她们却选择了离开这条路。这就是为什么儿科医生、执业护士、治疗师和育儿专家应该介入支持这些母亲的原因，帮助她们找到矛盾的根源，让她们能有更多时间陪伴宝宝。

谁是主要的照料者？

提出了"儿童分离个体化"理论的发展心理学家玛格丽特·马勒在关于情感依恋的会议上发言，把主要照料者定义为"全天照顾宝宝的人"[1]。因为宝宝的身体健康和情感健康是紧密联系的，主要照料者对于宝宝的情感发展和心理健康至关重要。当宝宝感到害怕、担心，或者当他难过需要关心或宽慰时，会向他的主要照料者求助。由主要照料者养育的孩子，可以成长为一个有安全感、有爱心、高情商的个体。在世界上大部分地区，主要照料者都是母亲。

如今西方社会越来越少的女性承担这个角色了，她们把宝宝的日常护理交给其他人来进行。美国劳工部 2012 年的一项研究发现，1/4 的母亲在孩子出生后的两周内就回到工作岗位。受过大学教育的母亲产假最长，但是这通常也只有 6 周。那些没有学位（54%）的母亲只能在家里待上一两周[2]，而这个时间不足以让母亲和宝宝之间建立安全的联结。

不论母亲要工作或者要离开宝宝多长时间，她都必须和其他照料者共同承担照顾孩子的责任。在许多国家，特别是在发展中国家，孩子们有多个照料者，这叫做异亲抚育。这些照料者通常是祖母、姑姨、亲近的邻居或兄弟姐妹，所有这些人都会为孩子的身心健康投入时间和精力，并且在孩子的一生中都会有这些人的陪伴。朱迪·麦斯曼说："在这种模式的抚育中，母亲仍然是宝宝依恋的中心，当宝宝由一个家庭成员交给另一个家庭成员照顾时，妈妈会在身边。当宝宝需要接触母亲寻求安全感时，她就在那里。"这与西方模式形成了对比，在西方社会，母亲把孩子交给其他人来照顾，在身体上和情感上有好几个小时都不能陪伴孩子。不幸的是随着经济的改变，西方的外包育儿模式也开始在世界其他地方生根发芽。在最近的一次非洲旅行中，有一位两个孩子的母亲迪娜，在一家为职场母亲服务的儿童保育中心工作，她告诉我："过去你的母亲和亲戚帮助你照顾孩子，现在你不知道谁在照顾你的孩子，而你不得不把他们交给陌生人。"

异亲抚育模式与美国早期盛行的育儿模式非常不同。在美国，父母更少地依赖家庭，更多地依赖集体托儿所、保姆或临时照料者。将近1/4的5岁以下儿童都接受某种集体照顾，如日托所或者幼儿园。西方社会的母亲也更有可能在她们回到工作以及其他活动后离开孩子很长一段时间。在孩子3岁以前可能会有很多的照料者，我把他们称为像旋转门一样频频更换的照料者，而不是熟悉的、一直不变的照料者。

宝宝会因为母亲的离开而感到悲伤，即使他们只分开几个小时。当我们不承认分离带来的缺失时，我们也就不愿意去触碰孩子身体上和情感上可能出现的问题。即使被收养的孩子有慈爱的父母，他们仍然好奇并经常寻找他们的亲生母亲。忽视了这种孩子的真实需求，就是否定我们最基本的生物本能。这是否意味着父亲或一个与孩子没有血缘关系的人就无法成为一个照料者？或者保姆不能提供爱护有加的照顾？

当然，所有这些人都有可能成为照料者，但我们先要认识到一些重要的事实：认识到孩子亲生母亲的首要性和重要性，即使那个女性没有抚养孩子；认识到即使是高薪请的替代照料者也不会像亲戚一样投入很多精力到孩子身上。只有当母亲的替代者（不论时间多长）能够对孩子的悲伤共情并接受他们的失落感，而不是否定这些情感的存在，这样照料者才能帮助孩子将悲伤转变成接受。这其实很简单，只需要口头上接受这些情感并做出回应。"我知道你想念妈妈。或许我们可以一起分担你的悲伤然后再出去玩耍。"

当父亲是主要照料者时

虽然越来越多的父亲承担起孩子主要照料者的角色，但是传统上，母亲和父亲在照顾孩子的情感需求上扮演不同的角色。母亲提供了情感上的调节和平衡，最重要的是对神经系统的放松调节和镇静作用。她们一直是孩子依恋和安全感的来源，也是孩子们获得抚摸、关爱、宽慰和安抚的依靠，特别是当孩子陷入忧伤中的时候。父亲提供的主要是好玩的刺激，当孩子想要像玩一样独立地探索世界时，父亲对帮助他们适应与母亲的分离起到了很大的作用。

虽然一些父亲比母亲在养育孩子方面更无微不至，但总的来说他们的养育方式还是不同的；父亲和母亲并不完全相同。研究表明，这是由男性和女性的不同激素水平导致的。如前所述，母亲在分娩和哺乳时产生神经递质催产素，这会使母亲对婴幼儿进行共情养育。父亲会产生更多的抗利尿激素，这种神经递质会产生更具有攻击性的保护性反应。母亲也会产生一些抗利尿激素，但抗利尿激素与睾酮（这也影响攻击性以及生殖欲望）密切相关，而催产素则更多地与雌激素有关。当父亲花更多的时间和孩子在一起时，他们的激素平衡状态会发生变化：产生更多的催产素。埃默里大学的詹姆斯·里林发现，当父亲产生更多的催产素，而睾酮水平降低，他们在如何养育孩子方面会变得更像母亲[3]。

马克和他的妻子（美国中西部一所大学的教务长）希望他们当中有一个人可以全职在家养育孩子。妻子的工资远高于马克，马克的工作也不是很忙，所以他们就决定让马克成为孩子的主要照料者。他们的两个儿子现在分别是4岁和6岁，当孩子想得到安慰的时候，他们会来找马克，而当孩子在夜里醒来时，马克也会做出回应。他认为，作为孩子最亲近的人，与他们分享生活中重要的细节是一件非常有意义的工作。而马克总是很温和、平易近人，他有意识地模仿他的母亲和岳母照顾孩子的行为。他还发现约翰·戈特曼的《培养高情商的孩子》一书非常有帮助。

以色列巴依兰大学的鲁思·费尔德曼博士对父亲和母亲养育方式的差异进行了研究。母亲天生就会产生催产素或是获得额外的催产素，因而会给予孩子更多的抚摸、眼神交流及安静游戏。被注射催产素的父亲会比以前更多地和孩子互动，主要是通过身体和刺激性（或是一些母亲认为是粗野的）游戏，像是把孩子抛向空中，然后抓住他们[4]。孩子既需要安静也需要兴奋，这就有力证明了孩子对母亲和父亲的需要。当孩子在哭泣时，对于父亲来说，他想要转移孩子注意力或者逗乐孩子，这是他的本能行为，但孩子需要的是别的东西。许多父亲，特别是那些不是主要照料者的父亲，对孩子哭泣回应的速度和安抚的水平都不及母亲（正如母亲所知，当她在半夜被孩子的哭声吵醒时，她的丈夫还在熟睡）。然而，萨塞克斯大学的一项研究表明，父亲会对一些柔和的大自然的声音很敏感，比如苍蝇的嗡嗡声和蟋蟀的唧唧声，以及大风穿过灌木林的声音[5]。神经心理学家戴维·刘易斯认为，男性和女性不同的敏感性可能代表了进化的差异，女性对代表孩子潜在威胁的声音敏感，而男性则是更关注对整个家庭可能造成威胁的干扰[6]。如果父亲是主要照料者，他就需要明白，在孩子生命的第一年中，最重要甚至最基本的是，当小孩感到难过的时候快速、敏感地回应并安慰他。

我们经常见到父母双方中的一位更温和更有同理心，另一位则采取更严格的方式，比如任由孩子哭泣。然而，就跟雇请照料者一样一致的照顾方法是最好的。尤其是在孩子出生后的第一年，对孩子的哭声和代表他难过的信号变得更加敏感并尽可能及时回应，这对父亲来说很重要，不论他是否是全职在家的父亲。

对于家庭责任的划分达成一致这是很重要的。谁支付账单？谁洗衣服？谁打扫卫生间？谁去超市购物？谁来预约看病和看电影？当你回家后，你会接管照顾孩子的任务吗？周末谁来照顾孩子？

同样重要的是，你们要在解决嫉妒和竞争的问题方面达成一致。孩子对父母中的一位有最强的依恋，通常是那个花最多时间陪他的人。当他需要被抱着时，如果他的父亲一整天都抱着他，那么他就更可能选择父亲，这会让你产生嫉妒和竞争的感觉。或者如果你回到家，孩子立马对你哭，你的伴侣或配偶可能会有些失望。

在任何婚姻中都存在着权利和财务控制的平衡问题，但是当父亲承担非传统角色时，问题就会变得更复杂。这些问题甚至会影响夫妻关系；金钱之外，夫妻之间最大的问题是亲密性和性生活。虽然你们都很疲惫，但是不要让这些问题激化。你们婚姻的健康取决于你们能否谈论这些令人不舒服的话题。当催产素水平上升时，如果睾酮水平下降，会如何影响男性性冲动，这一问题还没有得到研究及回答。

对于那些选择父亲作为主要的照料者的夫妇来说，最好在有孩子之前就讨论这些问题，并且经常再次讨论这些问题。如果你们在育儿方面有严重的分歧，或是想知道你和你的伴侣或配偶在面临这些问题时该如何处理，那么可以考虑寻求育儿专家的帮助。

我的很多来访者是男同性恋，我问的第一件事就是他们之中谁扮演母亲的角色。通常，他们看我就像我有三只眼睛，但事实上这个问题很重要。即使母亲是男性，抚养孩子的时候有一个母亲、一个父亲也会更好。如果父母双方都更愿意接受"父亲式教育"，就是所谓的令人兴奋的玩耍和鼓励自力更生的方式，孩子可能无法获得足够的"母亲养育"，即敏感的养育方式和使之平静的照顾。如果两个男性要培养一个情感健康的孩子，他们其中的一位应该承担养育、共情的角色。

如果你是一位全职爸爸，当你的伴侣去工作，你在抚养孩子时，可以做一些事情来确保你的孩子获得情感需求的满足：

- 共情敏感的养育方式对你来说可能不是天生的。这意味着要让孩子直面痛苦而不是最小化或者消除他的情绪。例如孩子摔倒了，膝盖破皮了，不是鼓励他自己勇敢地站起来，而是亲吻他的伤口并告诉他你知道这有多痛。然后给他一个拥抱，并等待他准备好向前走。

- 平衡令人兴奋的玩耍和平静的玩耍，像阅读、艺术和手工。练习把孩子的感受用语言表达出来，用一种更安静、更反思的方式和孩子在一起。

- 接受并珍视孩子所有的感受，包括悲伤、生气和失望。不要害怕谈论感受。

- 关注孩子的生活细节而不是他的整体幸福。询问非常具体的问题，不要说"你没事吧？是的，太好了！"尝试说"你是不是因为我必须要出去一会儿而感到难过？"

选择一位替代照料者

我相信异亲抚育模式对于母亲和孩子来说是一个好的选择。如果你住在亲戚家的附近或是和其他母亲有联系（长期的邻居、世交或姑姨们），询问她们是否能够成为支持你的资源，是否愿意帮助你照顾孩子。

苏美拉，在之前曾经提到过的一位单亲母亲，当她住在哥伦比亚的时候她会把孩子交给母亲或者姐妹。后来她雇用了一个和她住在同一个公寓楼的可靠的朋友，把孩子交给她照顾。我知道靠亲戚抚育有时候很难做到，要么因为离得远，要么因为家庭冲突，但你还是有必要考虑一下，在你信赖的包括亲密朋友在内的核心圈子里，是否能有人可以协助你照顾孩子。

在一个家庭成员往往相隔很远且每年只能见几次面的社会里，雇用的保姆通常取代亲戚来帮助照顾孩子。理想的替代照料者是会像你一样照顾你的孩子，无论什么时候只要你在场，会尊重你和孩子之间的独特联结，并且会促进你们之间的关系。这意味着当你离开时，这个人就承担主要照料者的角色，当你回来和孩子在一起时，替代照料者会退后，把这个角色还给你。对于你们两个人来说，这比想象的要更难。

我知道互惠生模式（来自国外的年轻女性在寄宿家庭帮忙照顾孩子的模式）非常流行，特别是在城市地区。我不认为这对于婴幼儿来说是最好的选择，原因有很多。互惠生在寄宿家庭只待一年，在照顾婴幼儿方面通常没有什么经验。因为她们的年纪，她们通常不够成熟和缺乏良好的判断力。如果你想请互惠生照顾孩子，最好等到你的孩子 5~6 岁的时候。

把保姆看成你和孩子的持久关系，而不是暂时的关系。一个替代照料者应该尽可能成为孩子生命中的一个固定角色，但是不论你和保姆之间的关系有多密切，或是不论保姆有多么爱你的孩子，这种关系通常会比较短暂。重要的是尽可能使替代照料者承担该角色的时间久些，因为替代照料者的经常离去会对孩子的安全感造成损害。当你不再需要替代照料者，当她离开之后，我鼓励你尽可能多地和她保持联系，就像你对你的祖母或姑姨一样。

给小孩选择一个合适的照料者，这要求你真实地面对自己的处境。如果你一周离家的时间是 50 个小时，孩子醒着的时间一周只有 70 个小时，那么这个替代照料者就会自然成为主要照料者，并且可能比你更了解孩子。你可能既会因为你的孩子被很好地照顾而感到宽慰，还会因为你没有更多时间和孩子待在一起而感到内疚，对于替代照料者和孩子之间的关系又会产生嫉妒，特别是当你的孩子不让你安抚她而转向保姆寻求安慰的时候。

虽然这对你来说很难接受，但在感情上陪伴孩子的照料者和孩子建立了一个基本联结，这种关系应该得到尊重。对于替代照料者和孩子之间的亲密关系，有些母亲会感觉受到威胁，因而会经常更换保姆，而不让她们的孩子和另一个人建立起牢固、安全的联结。不用说，这是不符合孩子最佳利益的；照料者和孩子之间的亲密有爱的联结是我们的目标，而不是我们要避免的事情（在这章后面我们会更详细地讨论这个话题）。面对像旋转门一样更替的照料者，孩子通常会变得焦虑、沮丧，并且不信任他人或是过于依赖陌生人。

就像你不会在饿的时候去购买食物一样，你也不想在匆忙或是绝望的情况下雇用一个替代照料者。通常来说，母亲会选择那些具有自己育儿风格的保姆。想象你作为一个母亲享受的是什么，做得好的是什么，以及什么让你感到不舒服。替代照料者不应该仅仅是支持，还要对你的方式进行补充和完善。当你面试一个照料者，既要考虑她的情商，也要考查她的实际技能和经验。她可能已经参加了急救和心肺复苏的课程，但是她能给孩子所需要的关爱和情感的滋润吗？我建议在你做出决定前，先对参加面试的保姆试用一两天，这样你可以观察保姆如何与孩子相处和互动，以及孩子和保姆在一起是否感到安全。

我是"保姆谁知道"（Nannies who know）公司的联合创始人，这家公司主要培养幼儿照料者，让她们的情商变得更高。以下是我们认为照料者应该具有的一些素质，以及我们建议母亲对照料者进行面试交谈时提出的问题（更完整的问题清单，请参阅附录A）：

- 照料者是否有眼神交流？当你握着她的手或是把手放在她的肩膀上，她对触碰是否觉得自在？

- 她为什么想要和孩子在一起？她能享受和孩子在一起的工作么？

- 她自己有孩子吗？如果她在谈论自己的孩子时很兴奋，这是个好迹象。

- 让她和你的孩子互动。她吸引你的孩子吗？她是如何和孩子说话的？如果你的孩子看起来很不安或害怕，她尝试去安慰或是鼓励孩子吗？她是如何做的？

- 如果在谈话过程中宝宝睡着了或者很平静，问她当宝宝感到悲伤和哭泣的时候该如何处理，特别是当宝宝一直在哭时。

- 她如何对待正在发脾气的幼儿、正在进行如厕训练的孩子、发生意外的孩子或者有攻击性的孩子。

- 她喜欢做游戏吗？她喜欢和孩子一起玩什么？

- 问问她喜欢什么？不喜欢什么？她是如何表达她的感受的？

- 当你不在家时，她对用电话和电脑（视频聊天、短消息、网络电话）与你进行沟通是否适应？

- 当你在家时，她认为自己应该如何工作？

- 她认为保姆是一种职业还是临时的岗位？在面试时你要清楚地表明你在寻找一位长期的照料者，即使你们工作方面的关系结束后，她仍然可以成为你大家庭中的一员。

- 相信你的感觉。即使对方满足面试中的所有要求，但是如果你不喜欢，那么就不要雇用她。

分享关怀：帮助你的孩子适应多重依恋关系

当你带新的照料者进入家里，给孩子一个调整的时期。尽可能多地和孩子以及新的照料者在一起，至少要两周（或者直到你觉得孩子对新的安排感到满意后），这样孩子仍然可以把你作为他的安全基石，并逐渐增加孩子和照料者单独在一起的时间。这段时间也是你向照料者展示你希望她如何对孩子进行安慰、喂养、管教、睡觉时间安排以及其他日常生活安排的机会。

帮助孩子适应新的照料者就是要创造一个平稳的过渡。这可能要求你在日程安排中留出更多的时间，让照料者来的时间和你离开的时间以及你回来的时间和照料者走的时间，能够有重叠部分。即使你有一个很好的、有爱心的替代照料者，只要有可能（即使到了青春期），你在孩子的四个重要的过渡时段里要至少在场两个：起床、上幼儿园（上学）、从幼儿园回到家（放学）及睡觉。

孩子会向你寻求谁可以信任的暗示。利用你的语言和肢体动作向孩子展示你是多么喜欢和信任照料者。你对照料者越友好，孩子看到后就会更加信任她。向你的照料者展示你所期望的礼貌和体贴；谈论除了孩子以外的话题，并安排偶尔一起吃个饭。

> 你对照料者越友好，孩子看到后就会更加信任她。

如果几周后，你的孩子还是无法在照料者的怀抱中得到安慰，或者他的行为发生变化，孩子可能是在告诉你他和照料者之间的联结没有形成。当新的照料者来到家里，孩子在某些方面出现退步现象是正常的，但有些退步却是关系非常不匹配的征兆：睡觉和饮食不规律，当你离开或者和照料者待在一起时表现出害怕或者焦虑情绪，发展退化（比如分离焦虑增加，较大幼儿如厕训练出现问题），以及刚开始说话的孩子语言的退化。不要只是希望事情会变得更好。和照料者一起解决你所担心的问题，如果你的孩子还是持续痛苦，就寻找一个新的照料者。

母亲和替代照料者之间的竞争 （即使替代照料者是父亲）

非常普遍的是，母亲会感到威胁并对她们决定放弃成为主要照料者感到矛盾，特别是当宝宝变得非常依赖临时照料者、保姆或爸爸的时候。宝宝会被提供情感及身体上陪伴最多的人所吸引。如果你在一天中的大部分时间都不在家，当你回来的时候，宝宝寻找的是这一整天都是他安全感来源的人，这并不少见。当一位母亲一整天都在照顾孩子，父亲下班回来后，也会受到孩子的冷淡对待。

在一天结束的时候看到孩子对保姆很依恋是正常的。事实上，只要孩子没有拒绝你，你会希望看到宝宝和保姆或伴侣建立联结，你想要替代照料者与你的孩子建立紧密联结，而你的孩子也是这样联结着他的照料者。

如果你无法留在家里陪伴你的孩子，最无私的选择就是你能提供一个温和的、充满爱的照料者，而不是一个严格、持"爱之深责之切"观点的照料者。当一个缺乏母爱的照料者陪伴宝宝的时候，对于许多母亲来说是一件好事，但也会带来麻烦。有时候母亲害怕她们的孩子会太过依赖替代照料者，就会无意识地选择一个不带情感的保姆或是一个更偏向纪律而非和善导向的保姆，这样她就感觉不用和保姆争夺孩子的喜爱了。

我总是鼓励母亲们雇用那些对她们也很关心的保姆。由于重感冒我躺在床上，好多天了，我的保姆给我带来了鸡汤或姜茶。作为一个母亲，你获得的爱和支持越多，你能给予孩子的爱和支持也就越多。如果你感觉不到保姆关心你，你们就很难像一个团队一样去照顾你的孩子。如果你对工作或者不能陪在孩子身边感到矛盾，即使你对你选择的另一个照料者感到满意，你可能也会经历一段困难时期来应对你的感受，如拒绝、愤怒、悲伤、内疚或者与孩子的照料者竞争。这些都是正常的，这些感受不应该被忽视或者被压制。告诉照料者，当你回到家的时候，宝宝不理你让你感到很难过，或者你希望能够花更多的时间在家里。

当你思考和表达你的感受时，你开始理解为什么你会有这种感受以及你可能想要什么或者需要做些什么。如果你没有认识到，或者不承认这些情绪冲突以及与替代照料者之间的竞争感，你可能会不知不觉地采取行动，找她的茬，最终解雇她，这对你、对她，尤其是对你的孩子来说，都是不公平的。

在家里陪伴孩子的父亲们面临一个特殊的挑战。他们必须要应对文化和社会的偏见。他们觉得作为一个主要照料者，在一天结束后他们应该得到关爱和依恋这些"好东西"，当母亲回家后他们可能不会轻易让出他们的角色。尽管父亲在一天中大部分时间都在照顾孩子，当孩子的母亲回来后，孩子黏着母亲是很正常的，但这会让父亲感到被拒绝或生气。父亲可能会对孩子似乎更喜欢母亲而感到愤愤不平，而母亲可能会对父亲和孩子之间的那种她曾经放弃的亲密关系而有些怨气。

当父亲同意成为主要照料者时，他们往往没有意识到这些冲突会给他们的婚姻造成压力。如果你的配偶或者伴侣是家里的主要照料者，你们需要经常坦诚地进行沟通，不仅仅是关于孩子的需求，还有你们之间的关系以及如何消除传统的性别角色对你们双方的影响。

帮助替代照料者的实用方法：沟通、期望和反馈

和替代照料者保持良好的关系对宝宝（和你）的情感健康至关重要，其中很大一部分取决于你们之间开诚布公的和频繁的交流。如果替代照料者来自另一个文化背景，和当权者的开放交流可能不会自然地发生，因为这可能被认为是一种不尊重的表现。让照料者知道，你不仅认同她诚实地表达她的感受以及对你的关心，你还认为这是工作的重要部分。

你还可以做一些其他的事情来帮助你和照料者之间形成健康的关系：

• 要清楚你对照料者的期望。如果你想保姆了解你的育儿方式和方法，那么就明确清楚地表达出来。包括你希望她在孩子生理方面如何进行照顾，如吃饭、穿衣、小睡、玩耍、如厕训练等，也鼓励她和孩子之间建立亲密的情感联结。

• 当你雇用保姆时，给她提供详细的工作描述，包括她的职责、时

间安排、薪水、假期、病假以及其他的福利（如交通费和手机费报销）。如果有时间安排上的变化、职责的改变或者工作其他方面的改变，需要提前给保姆说明情况。

- 不要对保姆要求太高。可以让她做些轻松的家务，但是她的首要职责是照顾你的孩子。

- 当你和保姆说话时，与她进行眼神交流，并对她在你们家之外的生活表示出感兴趣。不要用高人一等的语气和你的保姆说话，或是以一种严厉的、居高临下或过于挑剔的语气说话。要意识到你如何对待你的保姆，她们就会如何对待你的孩子。要随时提醒自己！

- 如果你的孩子对保姆表现出依恋，保姆可能会担心这会伤害你的感受。让她放心，这正是你想要他们拥有的关系。

- 考虑送你的保姆去学习关于开发宝宝情商的课程。对于母亲和保姆来说这也是一个可以一起进行的很好的活动。

- 当你不在家的时候，也要和保姆以及孩子通话。利用视频电话和网络电话，这使得视觉交流和语言交流成为可能。

- 记住，保姆做的最重要的工作就是帮助照顾你最珍贵的孩子。用友好和尊重的态度来对待她，让她知道你很感谢她所做的。

- 愤怒会破坏你们之间的关系。在意见分歧、时间安排、无心之过和个人需求等方面，不可避免会出现矛盾。如果的确存在问题（比如，保姆总是迟到），尽快处理和解决问题。

经常主动问一下你的保姆最近怎么样、工作进展如何，让她知道可以表达自己的担忧和负面情绪。为照料者腾出时间，听听她对孩子的评价。她可能比你花更多的时间和孩子在一起。有时候保姆看到了家中的一些事情，这些事因为你习以为常而无法注意到，比如，你的孩子对你的离开是否难以适应。要不带抵触地倾听，如果你的照料者给你反馈了这样的问题，你却感到不悦，那么她可能在将来不再对你敞开心扉。

日托的问题

在对 2 岁以下孩子提供的各种儿童照看选择中，日托是最具争议的，然而这是西方使用最广泛的方式。2013 年 4 月《新共和》杂志上的一篇文章"美国日托的黑暗：对于不规范、不安全的儿童照看工作的深入调查"，乔纳森·科恩写道："美国日托一团糟。大约 820 万的孩子（40% 的 5 岁以下孩子）每周至少有一部分的时间由他人而不是父母照顾。他们大部分在日托中心……当然也有好的日托所，只要你有钱承担，并幸运地能进入这样一个地方。但是总体质量参差不齐，几乎没有监管，而低端日托则更加糟糕。"[7] 不幸的是，真实情况正如很多报道出来的案例一样恶劣。

日托（有时候）可能是最划算的，但是这对于孩子的健康和幸福来说不是最好的选择，特别是情感的发育。它与异亲抚育模式恰好相反：母亲长时间把她的小孩留给不同的陌生人照顾（而不是一个固定持久的替代照料者）；孩子太多而照料者太少，照料者通常是短期的而不是长期的，而且往往缺乏训练。日托的环境大部分是嘈杂的，过度刺激，对于宝宝来说是难以承受的，他们的神经系统还在发育中。除了要承受与母亲分离的痛苦，在许多日托中心孩子还要适应照料者频繁更换的情况。

那么负担过重的工作人员又能给予孩子什么样的照顾呢？美国每个州对于员工与孩子比例标准的规定是不同的。在加利福尼亚州，允许一个照料者照顾 4 个 6 周到 9 个月的宝宝[8]。在俄亥俄州，一名照料者可以照顾 5 个 1 岁以下的宝宝，如果都在同一个房间里的话，就是两个照料者照顾 12 个宝宝。对于 18～30 个月的幼儿来说，是一个照料者照顾 7 个宝宝；对于 30～36 个月的孩子，则是 1 个照料者照顾 8 个孩子[9]。如果你要照顾 4 个、5 个、6 个或者 7 个宝宝，你会有什么样的感受？你会怎么应对换尿布、给孩子喂奶和哄睡觉等情况？你会给每个孩子多少关注？如果他们同时哭，你会怎样让他们平静下来？你会变得不耐烦或生气吗？你会忽视难以被安慰的孩子吗？即使是最老练、最具同理心的照料者也会发现，同时照顾多个宝宝是一项挑战。

有人在为日托辩护的时候会提及早期社会化的好处，社会化是成长过程中重要的部分，但是在孩子 2 岁以前，孩子们在心理上和情感上都不具备在群体环境中实现社会化的能力。事实上，宝宝在这么小的时候不需要群体社会化，而是需要一个主要的照料者来使他们感到安全。牛津大学的艾伦·斯坦和凯西·西尔瓦博士发现，孩子如果在 2 岁之前就被送进集体的日托所，会增加孩子日后在童年时期出现其他的行为问题的可能性，这是他们因为害怕被遗弃和担心失去所产生的应对反应[10]。其中一种方式可以表现为攻击性和愤怒，以及过早的独立（如前所述，这不是一件好事）。

不是所有的人都有一位母亲或者姑姨参与育儿或者有愿意成为全职爸爸的配偶或伴侣。并不是每个人都负担得起一个全职的照料者。相比日托机构，一个更好的选择是和另一个家庭分享照料者，费用通常不会比日托更贵。

这种安排有很多优势，在加州越来越受欢迎，在美国其他地方也变得越来越普遍：

• 研究表明，对于 2 岁以下的儿童，照料者对儿童最好的比例是1∶1或者 1∶2，最多是 1∶3[11]。

• 即使孩子在你家和另外一个家庭轮流接受照顾，孩子也会处于更安静、更熟悉的环境，这使你在离开家和回到家这些过渡时段的压力变小。

• 多个照料者，尤其是当她们频繁地进出孩子的生活时，会使宝宝感到心烦意乱。共享一个照料者更容易让你的孩子适应，并更有可能和你的家庭更长时间地在一起。

如果日托对你来说是唯一的选择，那么当你和孩子在一起时，你的陪伴对孩子来说更为重要了。确保你是那个哄他入睡和抱他起床的人。一个孩子在日托待的时间越长，夜间的安全感和母子之间联结的每日修复就越发重要。你在第五章会获得更多的信息。

想要为孩子找到最好的日托所请考虑以下几点：

- 确保日托机构是有执照的，即使是在某人家中开办的日托机构。
- 照顾孩子的工作人员越多越好。最好是一个照料者照顾两到三个孩子。
- 你的孩子会有一个持久的主要照料者还是很多人来照看他？最好的选择是他被分配给一个特定的照料者。
- 寻找成熟、有经验、稳定的员工。询问员工在那里工作了多长时间，以及接受了什么样的培训和认证。
- 工作人员愿意和你谈论你的孩子吗？如果他们不考虑你的担忧，或者不愿意跟你谈论孩子的一天，那就去寻找另一家日托机构。

不论你选择哪种替代照顾孩子的方式，你都应该把花在其他地方的时间最小化，把和孩子在一起的时间最大化。

第二部分

陪伴缺失的代价

第七章　陪伴缺失的代价

了解陪伴缺失的代价

在工作中，我看到很多家庭都是因为出现了问题前来咨询。有时是母亲感到情绪低落或者不开心，而她不知道这是为什么。有时候母亲来找我是因为她很担心孩子的情绪状态，或是孩子在家里或学校里的行为。有时候父母们来找我是因为学校、儿科医生或者日托所说孩子需要帮助。虽然不是所有孩子的症状或健康状况都和母亲的陪伴缺失、疏忽或孩子的依恋问题有关，但是很多都与孩子早年和母亲相处的经历相关。我的发现被马里纳斯博士的研究证实[1]。我了解到的问题包括焦虑（表现为注意力困难、攻击性和行为问题）、抑郁、社交问题、缺乏承受压力的能力、进食障碍和成瘾行为（特别是年纪大一点的儿童和青少年）。

我相信这些问题中的大部分都是可以被预防的，而且修复你和孩子之间的关系永远都不会太迟（参见第四章和第五章）。在美国，我们似乎更倾向于在解决问题前先等待问题出现，但是提前预防总是会更容易、更低成本，也更有效。注意，我没有说会减少痛苦。预防需要思考，需要反思，需要付出努力，需要做出牺牲，这些会让人感到有一些痛苦。然而，在我看来预防远胜于在问题出现之后去解决问题。反思可能是痛苦的，因为这要求你去回忆过去，感受你可能为了自我保护而隐藏起来的情感。但是，正如我对来访者所说的，我发现想要回避冲突和痛苦，通常最终会导致更多的痛苦。

不明显的情感虐待和忽视（如长期的陪伴缺失和情感不协调），和更极端的形式一样，对孩子都是有害的。当痛苦的感觉被隐藏和忽视时，他们对人一生中的情感安全、人格发展和承受压力的能力都会产生影响。有时候当我启发来访者去回忆痛苦的童年经历时，他们认为自己没有经历过这些。"我有足够的食物，很好的家庭，我的父母给了我很多东西，送我去很好的学校，所以我还有什么可抱怨的呢？"当然，这些东西都很棒（就充足的食物和生活必需品而言）。但是它们不能弥补情感联结、关爱和安全感的缺失，也不能避免让孩子觉得自己不被关注或者没有那么重要，因为这是他从母亲的眼里看到的自己，这是情绪困扰、心理疾病和社交障碍最常见的根源。

在过去的三十年里，研究人员一直在研究不同文化背景里的母亲们和孩子们，并且他们的发现证实了我和精神分析学家及心理治疗师的同事们在我们的工作中所观察到的：婴幼儿如果有一个细心、敏感并且一直陪伴他们的母亲，他们更有可能成为在情感上和心理上健康的孩子和大人。

请注意我说的是"更有可能"。母亲在身体上或情感上的陪伴缺失并不会宣判孩子一生中都受到社交或者情感问题的困扰，但是会让这种问题出现的可能性变大。总有一些孩子更容易经受住挫折或分离的影响。然而，有比以前认为的还要多的孩子天生就对压力源敏感，包括母亲陪伴的缺失、母亲抑郁或缺乏关注等。正是养育环境使这些孩子心理健康发生了改变。

焦虑：注意力障碍

人类并不总是处于食物链的顶端。我们出生就有某种恐惧：害怕捕食者、害怕令人惊恐的声音、害怕陌生的环境和人——这些恐惧是人类的生物本性。

当我们害怕的时候，大脑的边缘系统（一组大脑结构，帮助调节与生存相关的情绪）进入高速运转：杏仁核，我们大脑中的一个小的、杏仁状的区域，处于戒备状态并向下丘脑发出信号，下丘脑是大脑中可以产生许多调节我们身体机能的激素的区域，然后向脑下垂体发出信号，脑下垂体接着向肾上腺发出释放激素（如肾上腺素和皮质醇）的信号，释放的激素进入血液。这条路线被称为 HPA （下丘脑-垂体-肾上腺）轴。

肾上腺素和皮质醇是一种"战斗或逃跑"的激素。肾上腺素会使心跳加快，将血液送到肌肉、心脏和重要器官。脉搏频率和血压上升，呼吸频率增加，从而吸入更多的氧气，这些氧气被送到大脑，增加了警觉性。皮质醇触发了来自临时储存区域的血糖（葡萄糖）和脂肪的释放，这些营养物质会涌进血液，为身体的各个部分提供能量，在威胁消失后，皮质醇也有助于停止应激反应。杏仁核刺激多巴胺的产生，多巴胺能够使注意力集中和强化认知，从而有利于应对压力[2]。所有这些使我们准备好迎击敌人或在逃跑时（如果有必要）跑得足够快。当威胁结束时，激素水平、心率和呼吸恢复正常。特雷西·贝尔说："应激反应是非常正常的。这是当你无论何时需要对饥饿、噪音以及其他压力源做出反应，身体会确保你做出适当反应的方式。"当你感到压力时，皮质醇水平会上升，这就是应激反应所要做的。带来损害的不是当下的压力，而是长期的慢性压力。

用来确定宝宝承受压力的一种测试方法是唾液皮质醇检测，该测试会取一滴唾液进行分析。明尼苏达大学的梅根·冈纳做的一项研究显示，在陌生情境实验里，和母亲分开的宝宝，他们唾液中皮质醇水平会升高[3]。

宝宝希望得到母亲的照顾和保护；母亲是他面对经常充满压力的外

部世界的缓冲。瑞吉娜·苏里文是纽约大学朗格尼医学中心的神经生物学研究员和儿童与青少年精神病学教授，她对动物的恐惧进行了研究。她的研究表明，母亲通过身体和情感上的陪伴，降低大脑恐惧中心（杏仁核）的活动，减少肾上腺、皮质醇和多巴胺的分泌，从而帮助她们的后代来应对恐惧反应。研究表明，如果没有母亲身体和情感的陪伴，经常感到威胁和害怕的宝宝会变得过度警觉，把世界看成一个不安全的地方[4]。

对于那些在身体上和情感上没有得到父母或照料者陪伴的孩子（比如，在孤儿院或者寄养机构中待了很长一段时间的孩子），如果对他们的大脑进行扫描，会显示出过大且活跃的大脑边缘系统[5]。对于这些孩子来说，就好像杏仁核卡在了"开"的位置，海马体无法停止产生"战斗或逃避"的激素（如皮质醇）。结果，这些激素一直存在身体里，孩子总是处于焦虑和防御状态，即使没有什么可害怕的，就像一个有创伤后应激障碍（PTSP）的士兵。因此，对于这些幼儿来说，在任何一件事情上长时间集中注意力都是非常困难的，甚至待在一个地方都会感到恐惧。

过度警觉是孩子产生很多注意力问题的根本原因。它影响孩子的学习能力、社交能力以及自我安慰能力。根据儿童心智研究所的精神健康报告，过度警觉或焦虑障碍的平均发病年龄是 6 岁，这意味着许多低于 6 岁的孩子就显示出了焦虑的迹象[6]。一个长期焦虑的孩子可能会变得非常具有攻击性或者非常害怕和黏人。一些孩子会变得过于挑剔，在任何情况下都难以被安抚。当一个宝宝成长为幼儿时，这种焦虑可能会变成注意力障碍，无法长时间集中注意力或过度活跃。过多的多巴胺也可能导致出现注意力、学习和问题解决方面的问题。

如果一个孩子的应激系统总是被激活，那么应激系统可能会变得迟钝或是处于低警觉状态。哥伦比亚大学的尼姆·托特纳姆博士发现，当宝宝大约 1 岁的时候，你可以看到因为大脑的边缘系统（尤其是杏仁核）的压力太大而产生的变化。在与许多研究人员交谈后，我猜测当一个宝宝感受到压力时，杏仁核就会被激活和扩大。斯坦福的一项研究发现，杏仁核的增大与儿童（和成人）焦虑水平的上升有关[7]。当压力长期存在时，杏仁核就会超负荷工作，本质上就是一直产生压力激素直至出现问题。研究表明，患有创伤后应激障碍的成年人杏仁核萎缩了[8]。它就像一个灯泡，过多的电流会导致灯泡熄灭。在儿童身上，这表现为分离性行为：他们会显得沮丧或焦虑，似乎对他们周围发生的事情在情感上疏远了。

在美国 10 个孩子就有 1 个被诊断患有多动症（ADHD）[9]。这些只是被确诊的病例。这些孩子的症状通常是在幼儿园的时候被发现的，也就是当这些父母来找我进行指导的时候。他们孩子表现出的症状是无法长时间地坐在教室里；难以长期进行任何一项活动；当他们处于社交环境中时，如果需要他们起身和移动身体，通常（并不总是）他们会有冲动的攻击性行为，比如打人或咬人。

在美国，注意力缺失症（ADD）和多动症经常被用来描述儿童的抑郁和焦虑。其他国家，像法国，认为注意力缺失症和多动症属于社会心理障碍，应该通过心理治疗和家庭咨询来关注深层原因，从而实现治疗，这是我非常赞同的一种方法[10]。这种方法需要父母投入时间和精力。通常情况下，在美国，是用药物来治疗注意力缺失症和多动症，而不是找出为什么孩子会在这方面陷入困境。

哌甲酯和阿得拉是治疗注意力缺失症和多动症的两种最常用的药物，现在会给越来越小的幼儿服用[11]。这些药物是中枢神经系统的兴奋剂，通过提高多巴胺水平来起效。我们还不知道改变大脑的化学平衡对孩子身心发展的长期影响是什么。我能想到的最贴切的比喻就是，当你喝一杯咖啡，它能让你充满活力，但是当你喝了过多的咖啡，它则会让你感觉昏昏欲睡，让你慢下来。就像法国人，我发现他们采用比药物治疗更好的方法来治疗孩子，包括游戏疗法以及孩子和父母共同努力解决问题。是的，在一段时间内，药物可以和心理治疗结合使用，但是当父母和孩子一起了解和解决这些行为，我不认为药物治疗应该成为治疗这些疾病的唯一方法。

我们不是生来就具备保持注意力的能力：宝宝从与母亲的互动中学习如何集中注意力和延长他们的注意力持续时间。这需要母亲对孩子以及孩子所做的事感兴趣，并且能够将注意力集中在孩子身上，而不会不断地分心。不论是语言上还是非语言上都表现出浓厚的兴趣，比如和宝宝说话、唱歌、做鬼脸、玩小游戏，这些都是母亲和孩子右脑之间的简单互动形式，这对孩子的情绪、身体和认知发展都有深远的影响。

> 宝宝从与母亲的互动中学习如何集中注意力并延长他们的注意力持续时间。

当然，你无法每分每秒都和宝宝一起玩耍，当一个活泼的宝宝没有获得母亲的注意的时候，他就会转向其他物体或他的手指和脚趾来占据他的注意力。女孩比男孩更善于等待母亲的关注，男孩在母亲忙于其他事时更敏感，往往会变得烦躁和哭泣。男孩的大脑也更容易受到皮质醇和焦虑的影响，如果一个男孩需要独自应对自己的痛苦和苦恼，但无法安慰自己，那么比起女孩，他更有可能被诊断为注意力缺失症、多动症以及行为问题。根据儿童心理研究所的数据，男孩被诊断为多动症的比例（12.1%）是女孩（5.5%）的两倍[12]。

焦虑：增加攻击性和行为问题

攻击性是我在幼儿身上最常见到的症状之一。每个孩子出生时都或多或少的带有攻击性。这是一个生存机制：当你饿的时候，你会哭；当没有人给你喂食的时候你会哭得更大声，然后你会尖叫直到有人来。这是一个健康的反应，如果孩子的母亲（或照料者）在情感上能积极回应，能对孩子的哭泣很快做出反应，给孩子喂食或安慰他，他就会停止哭泣。在全世界范围内研究母亲和孩子关系的朱迪·麦斯曼在一次和我的谈话中说道："在其他文化中宝宝哭的次数并不像美国孩子那么多。孩子几乎所有的时间都和他们的照料者非常亲密，以至于没有必要哭，当他们哭的时候他们的母亲或照料者会迅速做出反应。婴儿肠绞痛（Colic babies）一词根本不存在。"

一些宝宝天生就更有能力要求他们的需求被满足，其他的宝宝则较难以表达出他们的需求。对于要求多或敏感的宝宝，父母必须尽快解决宝宝的需求，随着时间的推移，他们可以帮助宝宝承受更多的挫折。

如果宝宝很乐意安静地躺着，没有吵闹，也没有要求被关注，这个宝宝有可能会被认为是"很乖"或"容易抚养的"。但是他不一定是最健康的宝宝。易养型气质可能是一种防御反应，因为他的需求没有得到满足，通常这些宝宝会表现出发育停滞或是饮食问题。我认为一个要求多的宝宝实际上更容易被照顾，因为他让你知道他需要的东西。对于安静、比较顺从的宝宝来说母亲必须更加敏感，才不会错过孩子的暗示。

只有当攻击性行为影响到孩子在家里和学校的生活和学习时，它才成为了一个问题。没有好斗性，我们就无法在世界上生存，无法发展自我意识。正常水平的好斗性会促使孩子学习，努力去实现想要达到的目标，还会变得灵活，获得日常生活技能。升华（sublimation）是指在正确的道路上引导好斗性，使之成为雄心、自我满意和自信。这个过程需要一个母亲的陪伴，母亲可以帮助孩子控制冲动，不带判断和报复，为他的行为设定界限。

当一个宝宝哭了是因为饿了或者想要被抱着，而你没有立马到达他身边，他会对你感到生气，这也会使他感到害怕。当一个幼儿因为在冬天无法穿凉鞋出门对你感到生气，这也会使他感到害怕。当你面对孩子的愤怒和沮丧（不论是什么原因），用同理心和冷静来对待，不要沮丧或生气（我知道这可能是一个挑战），就可以帮助孩子减轻压力，把愤怒转换成不那么可怕的事。

从进化或神经生物学的角度来看，孩子激烈的或防御性的攻击性行为是对威胁和恐惧的反应。当一个宝宝长时间处于痛苦状态却没有得到安慰，或者因为长时间没有获得拥抱或没有人和他一起玩而受到刺激，他会开始感到害怕。如果他知道不能依赖一位可预知的、使人宽心并充满慈爱的母亲，那么这种恐惧常常会转换为攻击性行为，或者宝宝将愤怒和恐惧情绪内化，就会变成抑郁。让我澄清一点，我不是在说有个别几次在洗澡的时候，你的宝宝醒了、哭了，而你不能立刻到她身边。宝宝们要学习应对这种突然出现但短暂的恐惧，特别是当他们很快被安抚的时候。

防御性攻击是对长期感到危险的一种反应，因为一个孩子对于关爱、照顾和安全的基本需求没有得到满足，所以会使孩子产生缺失感和被拒绝的感觉。如果一个孩子感到安全，他就没有必要去试图保护自己。把孩子想象成是一个投手，而你是接球手。如果孩子投出一个疯狂的球，你要抓住球，这样才不会伤害到你或其他人。孩子学会相信，你会帮助他而不是伤害他或其他人，从而在 2 岁左右，他会内化这种控制感。如果没有人能抓住这个球，或者你用带有攻击性的投球来反击，你的孩子就会感到被抛弃、内疚并对自己的愤怒感到害怕。

这种攻击性的增加通常能在幼儿身上看到，因为他们无法承受挫折。攻击性的增加可能会以打、咬、推搡或者其他冲动反应的方式出现。比如在学校里推倒一个孩子的乐高积木，在圆圈时间（circle time）和安静的时间里站起来，或者口头攻击其他的孩子或成人。孩子可能会忽视或者故意挑战父母或老师制定的规则。幼儿期的男孩可能会经历睾酮水平的上升，这会增加他们的攻击性和冲动行为。这并不意味着存在着更大的问题。当我们逼迫孩子变得更加自主，更早接受学前教育，男孩子表现出来的一些能量过剩的行为就会被归于病态。

在美国孩子们通常在 4 岁的时候开始上幼儿园。在那之前，他们一直和母亲在一起，母亲一直是他们的情绪调节者，尤其是对攻击性行为的控制。如今很多育儿机构甚至接收 18 个月大的孩子。这会给孩子的情感和身体发育、冲动控制和如厕能力训练等方面都带来很大的不同。日常作息和环境的变化，即便是很微小的变化，也可能触发我们所说的退化行为——如厕训练成功的孩子又尿湿了裤子，或是相对温和的孩子打同学或咬同学。期望 2 岁半的孩子，特别是男孩，能够安静地坐着，或是在圆圈时间里控制他无限的能量，这是不现实的。"宣泄"，或者出现注意力缺失症或多动症的症状，被有些人认为是不良的行为，而我认为这些行为都是正常的，这是孩子对过早和母亲分离的反应。

有些人认为打和咬是正常（但不可接受）的幼儿行为。但是当它发生在家庭以外的时候，则被认为是不正常的。这种身体攻击行为是焦虑和抑郁的表现，也是孩子需要帮助的信号。孩子平常的行为模式在他们感到安全的地方表现出来的，比如家里，而在学校、日托所或是周围是陌生人的地方，孩子会比较守规矩。当老师或孩子朋友的父母表扬他们的孩子在教室或是亲子活动期间的行为时，几乎我认识的所有父母都会感到惊讶。

孩子们会模仿父母的行为。如果母亲和父亲可以控制自己的愤怒和

孩子们会模仿父母的行为。

沮丧的情绪（我知道，当你和一个固执的幼儿相处时，这很困难），就是在教导孩子承受挫折和控制他们的攻击性。

在诊治那些有情绪愤怒问题的孩子时，我发现通常父母也会有和孩子类似的问题。我曾帮助过一个家庭，因为孩子在学校对他的同龄人过于专横和好斗，因此没有人想和他一起玩了，这让学校感到担忧。在和

母亲交谈的时候，我发现她在家里很有控制欲，会直接告诉儿子用积木搭什么，怎么搭。对于努力控制自己冲动情绪的母亲，当她不得不应对孩子的需求时，她可能会变得沮丧或愤怒。她担心自己无法控制自己的情绪，她可能会相信把孩子留给其他人照顾对她和孩子来说是最好的事。然而，如果她只是为了逃避负面情绪而不是探寻其根源，她可能永远得不到她所需要的帮助，而孩子和母亲都会遭受痛苦。

"管教"一词最初的意思是"通过示范来教"，而不是惩罚或评判一个孩子。母亲为孩子提供关于适当行为和情绪控制的外部指导。最终孩子将这些指导内化成自我控制和自律。通常当母亲们没有足够的陪伴，或者有抑郁情绪或冲动情绪时，他们的孩子在自我控制的内化方面可能会有困难。管教孩子要求母亲清楚自己的情绪，这样她才可以帮助孩子调节他的情绪。

从 20 世纪 80 年代到 2015 年的研究表明[13]，在日托所的孩子在入学年龄前比由母亲照顾或者代理照料者照顾的孩子显示出更多的攻击性。宝宝在与主要照料者（最好是母亲）的亲密关系中茁壮成长。如果一个孩子要面对很多照料者，照料者们因为要照顾太多的孩子而无法集中关注每一个孩子的情感需求，这样会让孩子感到难以应对（当母亲必须在外面工作时，由一个照料者或者一个亲戚来照顾的育儿方式是较好的选择，关于这方面更多内容请见第六章）。

男孩和女孩都可能表现出攻击性，这是对被母亲忽视或感觉被遗弃的反应。男孩在对这些情绪的反应上通常比女孩更有攻击性，因为他们有更多的睾酮。但是即便处于同样的情绪环境中，男孩通常也比女孩更敏感，男孩对于忽视和压力源，比如母亲的抑郁、焦虑或干涉（不允许孩子变得沮丧或独自探索，以及后来的过度干涉和直升机式的养育）会有更强烈的反应。也有证据表明，总体而言，男孩比女孩更有可能出现类似自闭症的症状，这与他们对环境压力的敏感度有关。

女孩往往有更好的应对机制：她们感到沮丧、不知所措或被忽视时，她们会看着灯，或吮吸她们的手指，或是伸手去碰玩具，通过这些方式来转移注意力，而男孩则会变得越来越不安并感到沮丧。然而这并不意味着当母亲忽视孩子或无法陪伴孩子的时候，女孩不会受到影响。女孩们在应对压力时，更可能变得抑郁或低警觉；抑郁可能是由于内化她们的攻击性而不是公开或直接表达出来所造成的。

儿童抑郁症

孩子们如果将自己的情绪特别是攻击性情绪内化，而不是公开地表达出来时，就容易感到抑郁。大多数人通常不会把抑郁和幼小的孩子联系在一起，但是婴儿和儿童的确会感到抑郁。在工作中我观察过这些孩子以及他们的父母。我们可能会认为自杀是青少年和成年人的问题，但是在美国儿童自杀率非常高。从 20 世纪 70 年代到 1986 年，5～14 岁的儿童自杀人数上升了 267%，在造成 12 岁及以下儿童死亡的主要原因中自杀排在第 12 位。5～14 岁的孩子中每 10 万孩子就有 250 个死于自杀[14]。

当我描述母亲不在身边时或者母亲在身边但却漫不经心时，宝宝们是如何为此感到悲衷的，人们常常会感到惊讶。宝宝无法用语言来表达自己的感受，他们只能通过身体来表达他们的不满。在约翰·鲍比影响深远的文章《婴幼儿的悲痛与忧伤》中，他写道，6 个月大的宝宝会因为母亲不在身边而感到悲痛和忧伤，儿童在年纪还小的时候，断奶前、断奶期间以及断奶后都会感到忧伤[15]。当宝宝不满意、不开心或者需要母亲来安慰他时，他会哭，会扭动着，哼哼着。每个母亲都需要面对令人沮丧的状况，要弄清楚新生婴儿为什么哭泣。尿床了吗？饿了吗？是需要我安慰他吗？感到痛苦吗？

然而如果一个宝宝的哭声没有被听到，他的需求也没有被关注，会发生什么呢？开始他会哭得更大声，然后开始尖叫，当他的尖叫声仍被忽视，他会停止哭泣，因为他懂得了他的哭声无法获得他所需要的。他可能会逃避；当有人看着他的眼睛并试图和他玩耍时，他不会微笑，而且没有任何反应，或转过脸去。这些低警觉的迹象也是婴儿抑郁的征兆。

宝宝们很聪明。他们知道母亲什么时候心不在焉、没有完全投入、生气或不满。他们也有个人的好恶。如果回应他们的不是母亲或者主要照料者，而是他们不想要的陌生人或替代照料者，宝宝会继续哭泣，和没有人试图安慰他们或关心他们时做出同样的反应。

我之前说过，当一个孩子时常感受到压力时，他的杏仁核就会变大，如果他持续感到压力，最终杏仁核的体积和活动则会减少。这可能会造成对情绪的抑制（抑郁），以及对"战斗或逃跑"反应的破坏。杏仁核不够活跃的孩子通常无法识别危险和高风险的情况，而随着年龄的增长，可能会把自己置于危险的境地。

我在纽约的街道上看到很多在婴儿车里的孩子背对着母亲或保姆，她们却把注意力放在手机上或者心不在焉，而不是陪伴孩子。宝宝的目光呆滞，这是由于他们感觉没有和作为安全依附中心的人建立联结。这种情感上的退缩是大龄儿童、青少年和成人抑郁的基础。在我的咨询室里，我从曾经缺乏母亲陪伴的成年来访者眼中看到同样的眼神。

社交困难

在孩子进入幼儿园之前，社交困难往往不会引起父母们的注意。从30个月到5岁，孩子们从在一起玩耍但是各玩各的这种平行游戏中过渡到和同龄人互动。正是在这个发展的关键时期，许多儿童的社交问题被诊断出来。

来就诊的孩子们，要不是在日托所或幼儿园的时候很难和母亲分开，要不就是分开得过于容易。他们很难和其他孩子一起玩耍，他们更倾向回到平行游戏中而不是与其他玩伴互动。他们可能很难进行眼神交流、分享玩具或是参与到"圆圈时间"的互动教学中。这些孩子可能会被其他孩子排斥，因为别人觉得这些孩子很奇怪；他们不能理解社交暗示，可能对身体接触极度渴望，无法遵守个人空间的常规界限。有时候这些孩子被描述成"总是咄咄逼人"，并且似乎非常渴望寻求身体爱抚。

而另一些孩子可能会逃避社交或者厌恶身体接触。他们可能在进行或保持眼神交流上有困难。这里我说的不是一个害羞的孩子，害羞的孩子还可以被哄劝，而这些孩子让人感觉更难接近和冷漠。

根据他们行为的严重程度，这些孩子可能被诊断为患有自闭症谱系（Autism spectrum）或自闭症（Autism）。自闭症是一种生物学现象，在扫描中可以看到大脑结构的不同。现在我们认为这些大脑的改变可能在子宫里就已经开始了，可能与母亲的压力（男孩比女孩对子宫里的皮质醇更加敏感，这可能是他们经常被诊断为患有自闭症的原因之一）和遗传易感性有关。研究发现，自闭症儿童缺乏正常的催产素水平[16]。尊满·瓦塔纳贝博士的研究发现，即使是一剂催产素鼻喷剂也能改善他们父母或者照料者的社交和沟通技巧[17]。表观遗传学和环境对基因的影响，也能起到一定的作用。

然而有一些症状和自闭症类似，但这些症状纯粹是基于心理和情感的，与儿童在出生后前三年里的环境、被忽视和情感创伤有关。在对一些机构和罗马尼亚孤儿院里的儿童进行的研究中[18]，我们可以清楚地看到这一点，在这些地方儿童极度缺乏刺激、关爱，甚至是身体接触。社交退缩、与照料者的互动与相处困难、用头去撞婴儿床、摇晃身体，这些症状都被视为自我安慰的一种机制。如果这些孩子被放到适合养育的环境中，并给予他们身体上的关爱和情感上的支持，那么他们通常能够恢复一些社交能力。我在工作中所接触的孩子也是如此，他们表现出的被忽视则更细微和更微妙。

在西蒙娜第一个儿子出生后，她请了 3 个月的产假并雇了一个住家保姆。"我感觉压力太大了，所以我想要回到我以前的生活状态和生活方式，于是我就这么做了。"她以前的生活方式是在一家知名跨国公司担任高管，每周工作 60 个小时，每个月至少出差一周。她的丈夫花比她更多的时间和儿子亚历克在一起。她说："一开始我觉得孩子的父亲这么投入到育儿中是一件好事情，但随着时间的推移，儿子不会再来找我。"她还说："我儿子非常敏感，不愿意参加社交活动，要不就会开始尖叫。他很容易感到压力巨大，很难调整自己去适应学校生活和分离。孩子在幼儿园的老师注意到他有很严重的焦虑感，有社交方面的问题，短时记忆能力弱。老师说他可能有多动症和学习问题。"

西蒙娜认为更重要的是，她会请一段时间的假，这样她"就能够把时间花在亚历克身上，并且帮助他在情感上获得安全感"。在老师和专家的帮助下，随着母亲时间和注意力的投入，亚历克与母亲的关系加强了，他的焦虑减少了，社交技巧也得到了改善。

当西蒙娜的第二个孩子里奥出生后，她休了更长的时间的产假，然后回去做兼职工作。"我可以看到两个儿子之间的不同，"她告诉我，"因为我在里奥身上投入了很多时间，让他感到安全，我在情感上陪伴着他。我唯一的遗憾是，我在亚历克出生后没有花足够的时间陪他，并回去做全职工作。我只希望我早点知道陪伴孩子是多么地重要。"

缺乏抗压能力

大脑的右侧和大脑边缘系统与抗压机制有关。一个宝宝的心理弹性以及他会变成怎样的成年人都取决于他与母亲或者主要照料者的安全依恋、联结和互动。一位母亲虽然在孩子身边，但是情感上无法和她的孩子建立联结，这种情感缺失就像母亲不在身边一样令孩子感到痛苦。我的许多成年患者描述了曾经因为母亲忽视或误解他们需求而带来的那种可怕的空虚感。

当宝宝与母亲建立了安全依恋关系，并且母亲陪在身边帮助缓解宝宝的情绪，即使母亲在短时间内没有陪在宝宝身边，大脑边缘系统也会继续为宝宝提供与母亲相同的调节功能。宝宝会内化母亲提供的压力缓冲，这也会在未来对他们起一定的保护作用。然而，当母亲在情感上或身体上没有陪伴孩子的时候，就会造成大脑边缘系统发育不完善，从而无法保护宝宝避免压力和恐惧给情感和身体带来的影响。

之前我解释了焦虑通常是如何由恐惧引起的。宝宝难免会感到恐惧，而宝宝与母亲的安全依恋关系可以作为缓冲来缓解恐惧。还记得迈克尔·米尼吗？他的研究表明那些经常舔孩子和为孩子梳毛的母鼠，其后代的压力激素水平下降，抗压力更强。明尼还发现舔和梳毛的养育模式会世代传承，被母亲细心照顾的老鼠也会细心照顾自己的幼鼠。那些没有被母亲舔和梳毛的老鼠则不会这样做[19]。同样的道理也适用于人类：当母亲因为自己觉得厌烦、不感兴趣或为其他事情分心，或者仅仅因为她们不能陪在孩子身边，就不养育孩子，这对宝宝也会有同样的代际效应。

鲍比称应对环境压力的能力为"宝宝的内部支撑"，它是靠早期母亲对宝宝的安抚和宽慰来建立和保护的[20]。如果没有这种支撑，或者由于母亲无法陪伴感到抑郁，这个支撑就无法被母亲所保护，宝宝就会更容易受到环境压力源的影响。无法调节压力或缺乏抗压能力，可能导致许多精神障碍，包括抑郁、焦虑和成瘾，以及心脏病、糖尿病、癌症甚至肥胖等身体疾病。加利福尼亚大学洛杉矶分校的史蒂夫·科尔研究了环境压力源如何增加一个人的患病风险，尤其是那些没有得到母亲养育的人[21]。

青少年和成年人的自我障碍

到目前为止，我一直关注的是，当孩子的母亲在情感上和身体上很少陪伴孩子，对孩子会有什么影响。然而，同样重要的是了解这种缺失对青少年和成年人的长期影响。

酗酒、吸毒成瘾、饮食失调、抑郁和焦虑的情况在青少年中急剧增加。美国国家心理健康研究所公布的数据显示，13～18岁的青少年中，有8%的人患有焦虑症，25.1%的青少年将会终生受焦虑问题影响[22]。伦弗鲁（Renfrew）进食障碍中心估计，25%的青春期女孩和大学生存在暴食型或清除型进食障碍[23]。美国国家毒瘾和药物滥用研究中心认为青少年药物滥用极为盛行：45%的高中生使用成瘾物质，包括香烟、酒精和毒品，12%的人符合成瘾的临床诊疗标准[24]。这些情况都属于自我障碍，当某人患有其中一项时，这意味着他们没有内化形成的自我安全感或自我同一性，没有来自母亲的安慰和关爱可以内化，而是存在批判性的声音，或是产生不被关爱、不被关注或不被认可的空虚感。

孩子的自我意识发展缓慢，这是对母亲和宝宝之间的亲密互动和交流的回应。当一个孩子感觉到母亲认为他很有趣，并且大部分时间了解他的感受，他会有被重视和被关爱的感受；这是形成自我安全感的基础。

一个人在年轻时候承受压力和调节强烈情绪的能力，很大程度上取决于母亲的支持。所有的孩子都有两个母亲。首先是真实的或外部的母亲，她可能是慈爱的、敏感的、陪伴在身边的母亲，或是冷漠的、不敏感的、不在身边的母亲。这个母亲可以做很多很好的或有伤害的事，但是孩子无法决定他的母亲是谁，以及她是否满足了自己的需求。然而孩子还有另一个母亲，内在母亲，她在每个孩子（以及我们的）的心里。内在的母亲是对真实的母亲积极品质和消极品质的一种体现，通常是夸大的。如果一个孩子有母亲的陪伴，母亲是他头脑里的声音，能在他陷入痛苦时安慰和照顾他，增强他的自尊和自信。如果一个孩子没有母亲陪伴或母亲很挑剔，那么内部的对话可能会有很大的不同：内在母亲对孩子的感受和行为可能会持批评态度，甚至无法发现孩子什么时候需要她给予支持和安慰。

如果母亲在情感上和身体上都无法陪伴孩子，他通常会产生情感保护壳，就像坚硬的糖果外壳包裹着柔软和脆弱的内心。这种保护性的防御可以让孩子成长，但不能很好地成长。每当他感到痛苦时，他柔软和脆弱的内心并不能给他提供坚实的安全感。通常这些孩子（后来成为成年人）对他们的能力、权利和权威会产生夸大和不切实际的认识，当他们在压力下或者面临逆境和挫折时则会崩溃。

有必要再次强调，一个人是否会出现抑郁、焦虑和自我障碍，不仅取决于孩子的安全基础，还取决于他一生中的经历和人际关系。设想一下，有一个虫洞把婴幼儿时期和青少年时期连接起来，在青少年时期这个更无情的阶段，虫洞会使所有在儿童时期未解决的情感和心里问题都重新上演。如果母亲陪伴孩子并且很敏感，当激素变化、自我认知的挣扎、社交困难的压力削弱了防御机制时，孩子就更有可能承受青春期的动荡。

然而，如果母亲在情感上和身体上没有陪伴孩子，就没有人帮助他调节情绪，从而孩子在成长的开始阶段就困难重重，在他童年的早期还可以通过增加攻击性或退缩来应对，但同样的应对方式在青春期会导致出现问题并造成严重的后果。迈克尔·努曼和汤姆·英赛尔研究了父母行为的生物学机理[25]。他们描述了缺乏情感支持的影响，这种影响会作用于儿童大脑中的奖赏系统，并可能使孩子以后会有成瘾行为。对很多这样的青少年来说，基础联结的脱落使他们情感受损，表现为抑郁、焦虑、饮食失调和各种各样的成瘾症状，包括毒品、酒精和混乱的性行为[26]。

对自我障碍（包括成瘾）的治疗可以采用反射疗法。在治疗中，治疗师用右脑和病人的右脑进行互动，就像一个敏感的母亲和她的孩子进行互动，主要是为了推动右脑社交情感的发展，这种发展可能曾被中断过，同时还创造一个能够给予支持和关爱的内在的母亲（相比之下，认知行为疗法针对的是特定的行为，不是病因，主要作用于左脑）。

虽然许多有自我障碍的年轻人能够通过反射疗法得到帮助，但如果在童年早期就发现这种疾病的症状，治疗要容易得多。当孩子们开始表现出痛苦的迹象时，家长指导的介入是非常重要的。我们越早介入就越容易修复对孩子行为造成的伤害，缓解症状。

第八章　当母亲排斥育儿：产后抑郁和母亲角色继承的缺失

在《同一性与生命周期》一书中，精神分析学家、心理社会阶段理论的创建者爱里克·埃里克森提出了心理发展模式，其中，拥有自己的孩子是一个重要里程碑[1]。埃里克森没有提及的是，如果母亲在要孩子之前没有解决承担母亲养育责任的心理冲突和矛盾，那么就有可能导致母亲的抑郁、焦虑，甚至想要放弃或逃避母亲这个角色。

在几乎所有的文化里，结婚生子是女性角色的重要组成部分。在大多数文化里（包括美国的文化），我们仍然认为大多数女性在某个生命阶段都会结婚生子。成为母亲不是一种义务，也不是成为成年人的必要步骤；我们应该要思考的是，是否每个女性都应该走这样的路。你可能是一位成熟的、情感上健康的女性，并不打算把结婚、维持一段长期稳定的恋情或者成为母亲当作你生活计划中的一部分，特别是如果你有一份有意义、充满创造性的工作（有偿或无偿的）。

计划生小孩的女性应该仔细思考她们将要面临的许多问题。她们如何定义自己的核心价值观？她们认为在自己的生活中家庭是第一位的，还是把自己的工作和社会地位放在首位？她们生小孩是因为她们想要养育小孩还是因为外界的期望？她们需要工作来维持家庭生计吗？还是在家和她们的孩子待在一起更有意义？如果她们待在家里，她们会对失去的社会地位和收入坦然处之吗？如果她们回去工作，她们能清楚自己的工作时间和工作量的界限吗？她们能让老板了解这些界限吗？她们是否准备好遵守这些边界，并处理好这对她们的事业可能造成的任何后果？她们的配偶或伴侣是否认同她们的价值观和优先事项选择，并且支持她们的决定，不论这些决定是什么？

成为母亲应该是一种选择，这种选择要求认识到成为一位母亲所需要做的牺牲，并在生孩子前处理好关于母亲角色的冲突。我们想当然地认为一位女性有了孩了或者想要有孩子，她就会接受所有关于成为母亲的情绪，这往往是不真实的。我们想当然地认为，我们想要成为母亲是建立在我们能够成为母亲的基础之上，但是更重要的是要明白我们为什么想要成为母亲。西格蒙德·弗洛伊德和他在精神分析运动的追随者认为，我们拥有三种愿望：有意识的愿望很容易实现，无意识的愿望和恐惧可以通过梦、艺术表现、自由联想和心理治疗来实现，还有一种就是潜意识的愿望。潜意识的愿望接近我们意识的表面，当我们意识到它们的时候，我们可能会感到困惑和不安，特别是当它们和有意识的愿望冲突时[2]。

一位女性可能对于生孩子有强烈的有意识的愿望，但这与呵护或照顾宝宝的矛盾感并不排斥。重要的是记住生孩子的愿望在某种程度上是由生理因素驱动的（并被文化所强化）。想要照顾或养育一个完全依赖他人的宝宝，就要求女性把这个愿望与自己被母亲养育的正面体验相联系。对于一个女性来说，幻想自己的孩子能够满足自己对于爱和关注的未被满足的需求，这是很正常的，特别是当她和自己的母亲之间存在冲突且关系紧张时。当一位女性在没有成为母亲之前把母亲的角色理想化，尤其是如果她和自己的母亲曾经关系不好，她可能会让自己陷入失望中。对于许多脆弱的女性来说，这可能是产后抑郁症的催化剂，并可能引发她对育儿的拒绝。分娩是痛苦的；分娩之后也会令人不舒服和难以应付；母乳喂养常常让你感到绝望，直到你掌握了它。在孩子出生后的头两年里，母亲睡眠受到影响是很正常的，但在孩子出生的头几个月里，睡眠影响是最严重的。从来没有（或很少）休息日。照顾宝宝是一件非常辛苦的工作。

你和自己的母亲相处的经历是怎样的呢？你觉得她在情感上和身体上能满足你的需要吗？你觉得她对你感兴趣并觉得你有趣吗？还是她厌倦了并急于要离开你？当你陷入痛苦的时候，她会安慰你吗？你觉得自己是被接受还是被拒绝？这些在你生孩子之前都是非常重要的问题。

当我们对自己的母亲有正面体验时，我们更有可能知道如何养育孩子。养育能力是世代相传的。生育的驱动是本能的，养育的能力存在于女性的 DNA 当中，但是必须由环境来激发。如果幼儿的环境（也就是母亲）会影响他们的心理健康，那么不论是生活在派克大街两百万美元的公寓里面，或是芝加哥郊外的殖民时代建筑周围，亚拉巴马州的活动房屋里，或是在底特律的公共住房中，都没关系，只要母亲在情感上和身体上能够陪伴孩子。美国国家心理健康研究所的前院长、神经科学家汤姆·英赛尔博士和迈克尔·米尼博士的研究已经证明母性行为是通过一代又一代传下来的。英赛尔博士把这称为"母性记忆"[3]。然而，如果一只雌性动物没有养育它的孩子，那么养育的能力就不会传给下一代[4]。在哈里·哈洛对恒河猴的实验中，出生后被立即从母亲身边带走的恒河猴，当轮到它们生下小猴的时候，它们不知道该如何养育自己的孩子[5]。

如果我们自己的母亲在身体上和情感上没有足够的陪伴，那么我们很可能就没有学会如何陪伴我们自己的孩子。虽然不是所有没有陪伴孩子的母亲都会感到抑郁，但是抑郁是情感缺失的一个非常常见的原因。研究表明，遗传和环境会使那些母亲抑郁的孩子增加患心理疾病的概率。玛丽安·拉德克-亚罗对那些患有抑郁症的母亲以及她们如何影响自己的孩子进行了研究。她的研究结果由美国心理健康研究所发布[6]。拉德克-亚罗所研究的女性经常感到悲伤，低自尊，失眠或食欲下降，情绪波动，她们对之前喜欢的活动失去了兴趣。她们觉得自己是糟糕的母亲，他们不喜欢和孩子在一起玩，经常误解或者忽视孩子的暗示和需求，经常生气和不耐烦，情绪压抑或者心不在焉。

研究发现，对于年龄在18个月到3岁半之间的孩子，在母亲患有抑郁症的孩子中，有1/3显示出了一些正常的分离焦虑（当母亲离开时，他们有轻微焦虑的迹象），但是1/3的孩子表现出了频繁的、强烈的和严重的分离焦虑，剩下的1/3的人表现出具有对立性的反击行为（不愿合作、有敌意和破坏性，超出了这个年龄孩子的正常行为）。也就是说有2/3的母亲患有抑郁症的孩子有行为问题和焦虑，而母亲健康的孩子只有16.7%的概率会出现这些问题。另外，有38%母亲抑郁的孩子是不安全型依恋的，并且自己也表现出了抑郁的迹象。当母亲抑郁的孩子年龄在5~7岁的时候，64.3%的孩子会有社交或者情感的问题，当他们到青春期的时候，这个比例是57.7%[7]。

在我的工作中，过去十年来，越来越多的母亲表达她们对母亲角色的矛盾情感。这在某种程度上是一些女性通过自身经历对母亲角色真实情况的一种坦诚表达，而且得到博客和其他社交媒体的支持和鼓励。这对那些可能没有途径来表达自己感受的母亲来说是件好事，但这并不意味着所有的母亲都有这种感觉。更需要关注的是，这表明这些女性可能需要应对她们自己童年时经历的伤害、拒绝和悲伤感觉。根据莱斯·惠特贝克和他的同事们在1992年的研究，那些记得曾被自己父母拒绝的成年人更有可能抑郁，并很难与自己的孩子建立联结[8]。这些女性可能得不到她们所需要的帮助来处理这些创伤。如果母亲大部分时间里都在生气或怨恨，会给她们的孩子带来什么损失呢？

在心理学领域里，我们所说的"神经质的重复"意味着人们重复着自己身上曾经发生过的事情，通常是为了化解痛苦情绪（神经质这一词的定义是"处于冲突中"）。不论有一个还是五个孩子，母亲经常会发现她跟自己孩子相处的模式和她母亲跟她相处的模式是一样的。这种现象可能出现的问题是，除非母亲可以化解对自己母亲的矛盾情绪，否则她的行为很可能不会改变。令女性痛苦的是，她们发现尽管她们有意识地采取不同的行为，但这种情况仍会发生，这往往会让女性想要逃离她们的母亲角色，而不是面对这种矛盾。

人类有着惊人的心理适应能力。当我们受到伤害或者经历痛苦和创伤时，我们的大脑会通过利用防御手段（因人而异）来保护自己免受痛苦，这不仅帮助我们度过创伤，还帮我们摆脱创伤的影响。这些防御

人类有着惊人的心理适应能力。

手段包括否认自己感到痛苦，也包括重新把经历定义为好的事情（例如性格塑造）而不是坏的事情（我的母亲在我折断胳膊时没有安慰我）。我们可能会把这种记忆放在我们无意识区域最深处的保险箱里，或者我们可能会感到生气，或者我们可能会觉得自己一直受到伤害，永远不知这是为什么。我们理解并接受过于忽视对孩子造成的伤害。在查尔斯·纳尔逊的《罗马尼亚的弃童》一书中，他详细地描述了这些孩子如何因情感上的需求从未得到满足、被任由哭泣以及从未被人关注或拥抱，而使他们在情感上受到了严重的影响，并且无法进行社交活动9。但是有些情感忽视比较难以察觉，我在工作中总会看到它们对父母和孩子的影响。

婴幼儿身体上的需求可能全都会被满足，但是如果他们的情感需求持续没有得到满足，也就是说如果在他们需要母亲时母亲却不能回应（无论是什么原因），他们就会形成心理学家所谓的"防御、应激免疫或独立"，以此作为一种生存机制。这些孩子在母亲离开一整天后回来时，他们不是伸出手臂迎接母亲而是把母亲推开，并拒绝拥抱或互动。当3岁及以下的孩子表现出这种独立性的时候，父母通常会错误地认为这是一件有积极意义的事情，但这实际上表明在依恋关系上出现了问题。当这些独立的孩子长大后，他们更有可能感到焦虑和抑郁，但不会把这种

情绪和他们早期的经历以及被拒绝或被忽视的痛苦联系起来。他们一生中经常会在人际关系上遇到困难，因为他们缺乏和他人建立深层次联系以及深入了解他人感受的能力。

这种情感上被忽视的孩子通常会在和他们自己的孩子相处中重复这种模式。当我和来访者共同剖析问题时，我们通常会发现她和孩子相处的困难与她和自己的母亲相处中的困惑情绪相关。当一位母亲告诉我，"我对宝宝感到厌倦"或是"我觉得压力太大了，迫不及待地想要离开我的孩子"时，我知道这些话的背后，是她的母亲觉得她很无趣并拒绝她的需求，而使她感到非常痛苦。

28岁的安是一位时尚行业的助理。她来见我是因为她18个月大的儿子杰森在她晚上下班回家后不愿意亲近她。安母乳喂养杰森。事实上，她告诉我她选择给孩子喂奶，是因为她担心当她把孩子放下后就不会再想把他抱起来了。当杰森3个月的时候她停止了喂奶，重新回去工作。

安迫不及待地想要回去工作，并且经常工作到很晚。她的丈夫有更灵活的时间安排，所以他把杰森送到日托中心，在一天结束后去接他。因为安经常工作到很晚，所以她的丈夫在晚上照顾孩子直到安回来，通常这时宝宝已经睡着了。

安告诉我她对不能养育孩子而感到难过、孤单和不安全，这是产后抑郁症的征兆。当安从医院回家后她就感觉不舒服，但是她不知道为什么会感觉如此忧郁。她嫉妒杰森对丈夫的依恋。如果她花很多的时间和孩子在一起，她会感到焦虑，但是当杰森拒绝她的时候她会感觉像是有一把剑刺穿了她的心脏。

安的母亲在她还很小的时候就大部分时间都不在她身边，安的母亲可以把家务安排得井井有条（安告诉我"我们的牛奶和洗涤剂从来都没有用完过"），但安因为乌龟死了而难过时她并不会表达出关爱和同情，在安和朋友吵架时她母亲也不会感到难过。此外，她母亲也不喜欢和外孙在一起。

安在成长过程中感觉不能依靠她的母亲来安慰自己，所以她对自己的孩子对她的需求也感到不自在，并且在不知不觉中她和儿子的相处模式重复着她和她母亲的相处模式。她能够意识到，正是她对自己母亲的悲伤和愤怒情绪助长了她对照顾杰森的矛盾心理。

安努力想早点下班回家，这样她就能在晚上花更多的时间和杰森在一起，把他哄睡觉。虽然她继续因为儿子对她的需求而挣扎，但安发现杰森和她更加亲近了，她的儿子不再把她推开，而他们早期母乳喂养时的亲密又回来了。

对于女性来说，生孩子可以打开被压抑或被隐藏的情感闸门。这时候母亲往往会出现精神崩溃，比如患上产后抑郁症，或是因为感觉抑郁或焦虑来找我做咨询，这种情绪可能是产后抑郁症的延迟反应。如果能一直压制住也是件好事，但是正如装满蠕虫的罐子一样，当它被打开后会扯出更多问题，当一个人一直采用的防御机制被打破，所有的悲伤和失落都会与你小时候母亲没有足够陪伴的情绪联系在一起，这些情绪就会从无意识区域的保险箱中泄露出来。大多数人认为产后抑郁症是由激素变化引起的，但在很多情况下，它更加复杂，包括缺乏足够好的内在母亲来支持、认可和安慰一位新手母亲。一个患有抑郁症的母亲，像安一样，她自己可能会有一位情感上缺失的母亲，而一个过度焦虑的母亲可能会有一个更强势更喜欢干预的母亲。可以把激素看作催化剂或是一把钥匙，它打开了一个充满痛苦情绪和记忆的储藏室。

产后抑郁症影响了10%到15%的产后女性[10]。它影响了女性社会经济的方方面面，在我看来它也是母亲和宝宝建立健康的依恋关系和联结的最大阻碍。产后抑郁症有多种形式。它一方面可能表现为轻度抑郁和焦虑，另一面可能表现为有着杀死自己和孩子的属于精神疾病的想法，也可以是介于两者之间的很多形式。产后抑郁症最常见的表现形式是无处不在的悲伤、倦怠、无力照顾自己或孩子，感觉绝望和无能为力，以及情绪的波动。当产后抑郁症表现为这种形式的时候，通常会被配偶、亲密的家人和朋友、产科医生和儿科医生所发现。但是还有其他更不明显的产后抑郁症的迹象，这可能很难被发现，但同样对母亲和孩子造成伤害。

我所见到的最常见的产后抑郁症的形式是母亲无法长时间地和孩子待在一起。许多的女性在以前的生活中只需关注自己，当她们意识到需要把自己的需求放在一边，每天 24 小时照顾一个新生婴儿的时候，她们会感到沮丧和不知所措。她们想要逃离或者回去工作，回到她们以前的生活。这是一种对她们的生活将要永远改变的拒绝。这些女性告诉自己，当孩子长大后会更少地需要她们，她们会变成更好的母亲。问题是宝宝一开始没有强烈的依赖感，就不可能成长为一个情感上健康、能够共生（interdependent）的人。要想成为一名陪伴型的母亲，女性必须把自己的需求放在一边，然后随着孩子的长大和对母亲需求的减少，逐渐重新找回对她来说重要的东西。

我们知道产后抑郁症更有可能发生在曾经有焦虑或有轻度抑郁史的女性身上，她们在怀孕期间可能会承受巨大的压力或感到抑郁，由于羞愧和窘迫，她们独自面对这些情绪。通过这本书，我希望能影响和教育年轻的女性，在她们有孩子之前来寻求帮助，这样当她们决定要成为母亲的时候，能够健康地、理智地做出决定，大多数心理冲突也都已经解决，能够认清现实。虽然不是每一位新妈妈在抚养孩子的时候都能接触到"领悟心理疗法"，但她们应该寻求帮助，特别是如果她们表现出产后抑郁症的症状或迹象的时候。领悟心理疗法的目的是帮助人们解决内心的冲突并处理她们痛苦的情绪——这些冲突和情绪存在于她们想要的和如何去获得之间，在想法和行动之间，在想要做的事和必须做的事之间。领悟心理疗法试图让母亲有自我意识，了解她们的过去是如何影响她们现在的行为，这对以更持续的方式进行改变是至关重要的。

40岁的朱莉来向我咨询，是因为她3岁半的女儿索菲在幼儿园下车的时候，非常难以分离。我所说的不是普通的分离反应，索菲会紧紧地抓住她的母亲，非常伤心地哭泣和尖叫。朱莉因为这种情况经常上班迟到。她对索菲的反应感到很不安，因为女儿如此不开心而感到内疚，对于她不得不离开女儿而感到非常难过，她为自己对索菲生气而对自己感到失望，因为她不希望这样做。

朱莉是一家小公司的簿记员，她的丈夫比她更早出发去上班，并且经常很晚回家。朱莉的公司没有提供带薪产假，在索菲6周大的时候她就必须回去做全职工作。朱莉希望她能够花更多的时间在家和索菲在一起。她经过内心挣扎决定把索菲放到日托中心里，她感到内疚、伤心，特别是当索菲9个月大的时候她开始对离开母亲感到沮丧。日托中心的工作人员对朱莉说，虽然需要花很长的时间，但是索菲最终会平静下来。然而她对和其他的孩子一起玩耍不太感兴趣，也很少笑。

朱莉是在单亲家庭中长大的，记忆里在当地百货公司工作的母亲，每次回到家后都会非常疲倦，除了做晚饭和瘫倒在电视机前，什么都不做。她不理会朱莉对关爱的需要，朱莉也学会了在身体上和情感上照顾自己。朱莉的防御性独立使得她在成为母亲后很难接受女儿的依赖。

朱莉的悲伤、未解决的内疚、愤怒以及对孩子对自己的需求感到不满，这些都是产后抑郁症的表现，这是她童年时期未解决的问题所造成的结果。

通过探究她对自己母亲的悲伤和愤怒情绪，以及她对照顾索菲的矛盾情感，朱莉能够将自己的悲伤和防御与女儿对她的需求区分开。她会对索菲的情感需求进行更多的反思，并以一种共情的方式对索菲做出回应。这帮助朱莉学会了如何直面索菲的悲伤，而不是像她以前做的那样离开孩子，因为那样太痛苦了。

朱莉担心失去工作，也因为索菲对她的依赖而感到不安，一旦我们探究了这些恐惧，朱莉就能够对她的工作进行调整，让她可以更好地陪伴索菲。她花更多的时间陪伴索菲，尤其是在早上索菲要去学校的时候。朱莉越来越了解索菲的恐惧、悲伤和对妈妈的需求，这帮助朱莉能够在情感上给予索菲更多的陪伴，从而使分离对她们彼此都更容易了。朱莉不仅仅对自己的情绪和恐惧进行反思，而且还能思考女儿的感受，从而使她获益颇多。在某种意义上，一旦条件允许，她能够享受自己和女儿在一起的时光，对母女二人而言，一切都会发生巨大的变化。

另一个有力的例子是关于产后抑郁症的症状是如何表现出来的。乔安娜52岁，经营着一家成功的公关公司。她的儿子乔治在她30岁的时候出生，乔安娜说："他踢着脚、尖叫着来到了这个世界。她儿子的肠绞痛持续了大约6年。他非常容易紧张并且在婴儿时期很难被安抚。"

尽管乔安娜在公司里不断晋升，她也会觉得自己作为母亲是非常不成功的。"我一直认为我能应对好一切，然而就像所有人说的那样，突然这样一件小事就让人不堪重负。我不是一个会掩饰情绪的人，当我谈论这些育儿压力时人们会感到非常不舒服。我记得我曾告诉同事我的确非常不喜欢我的孩子，我对回来工作感到多么地开心，因为这样我就不用去应对这个没有和我建立联结的小人儿了。"乔安娜对儿子感到生气，对他的需求感到不满，构成了另一例产后抑郁症。乔安娜没有认识到她患有产后抑郁症，也没有意识到这和她痛苦的童年有关。

"乔治有一些症状，比如脾气暴躁，"乔安娜回忆道，"我们无法让乔治冷静下来，事实上当他情绪崩溃时，我们会赶紧离开。乔治很聪明，但是在调节情绪上有困难。当他4岁去学校进行面试时，画了爆发的黑色火山，他没能进入任何一个学校。他变得非常的生气，很难和同龄人建立亲密的关系。我的丈夫鼓励让他接受治疗，这对他有帮助，从而让他能够更有效地管理自己和自己的情绪。"

乔安娜认识到她和母亲的关系是如何对她造成了影响。她的姐姐病得很严重，所以她不能待在家里被母亲照顾，当母亲来看她的时候，永远不会抚摸她："我觉得自己是母亲之前孩子的替补。我的母亲脾气很暴躁，也会很抑郁，她从来没有和自己的母亲建立联结。"我的母亲是一位要求非常高的人。她有时会表现出关爱，但有时会非常严酷，"她说道，"当乔治出生的时候，我正像母亲当初对待我妹妹那样，来对待我自己的孩子，当妹妹出生时，母亲是排斥的，而我并没有意识到这一点。我想这是我接近妹妹的方式"。

我的母亲最看重的是我职业上的成功，她曾说过："我没有想到你会靠自己成功。"

在乔治20多岁的时候，乔安娜发现他在人际关系和自尊心方面遇到了麻烦。他是一个可爱、有爱心的年轻人，却害怕依恋关系。乔安娜意识到自己是引发这个问题的原因之一，并且在治疗中仍然纠结于这个问题。"在我的家庭里，你只能自己承受着，但是从来不去接受治疗。我希望我能更早地接受治疗，我希望我曾请求过帮助。"乔安娜是个勇敢的女性，她正在康复的路上，她的儿子也是。

儿科医生、护士和护理师是预防产后抑郁症的第一道防线，因为她们经常看到新生儿和母亲在一起的情景。不幸的是，由于大多数的医学专业人士主要关注身体和行为方面的问题，他们可能会错过母亲陷入痛苦的迹象。或者是女性对自己的情绪感到羞愧和不安，所以她们不想讨论这些情绪。即使儿科医生意识到母亲患有产后抑郁症，或是在适应新角色的时候遇到困难，很多人还是会把她们推荐给精神科医生，或是其他给开药方的医生，而不是心理治疗师，进行谈话治疗。

英国有一项令人印象深刻的卫生访视员（health visitor）项目——每一位母亲无论她的社会经济地位如何，在她的孩子出生后几乎马上就会有一位卫生访视员来到家里，并且在接下来的四年半里都会经常来访视。卫生防视员是一名合格的注册护士或者助产士，她们接受了额外的妇幼保健和产后护理培训，在孩子出生后的头 14 天里就会来家中访视。访视的目的就是教授和加强母乳喂养，促进敏感式的育儿方式，教育父母关于儿童发育的知识，评估母亲的精神健康状况以及母亲和宝宝的依恋关系。卫生访视员的参与可能会对很多还未发生的问题进行预防，或是帮助解决已经发生的问题。如果有必要，访视员会推荐母亲到谈话治疗师那里寻求帮助[11]。

从前，大多数新手妈妈在分娩前、分娩时、分娩后有许多的女性围绕着她们。母亲、姑姨、姐妹、表姐妹、祖母甚至是邻居都会分享她们自己的生育经历，并做营养餐让新手妈妈们在生产后能恢复体力。她们收拾家务并做饭，这样妈妈就能去照顾她的新生儿了。她们告诉新手妈妈们母乳喂养需要时间，并传授如何舒适地进行母乳喂养的经验。她们减轻了新手妈妈的担忧，照顾她们的宝宝，这样母亲们就能补充一些急需的睡眠。

在我们的社会中，我们已经失去了这种女性之间的爱的圈子，这让母亲们在最需要照顾和支持的时候，感到孤立无助、困惑和孤独。家人常常住得很远。女性的母亲（或者婆婆）可能会来一周或者几天，甚至根本不来。有时宝宝的祖母是不受欢迎的，她可能对如何照顾新生婴儿有不同的看法，或者可能不同意母亲关于如何喂养宝宝的决定，不论是母乳还是用奶瓶。祖母可能会感觉她已经完成了养育任务，或者她可能太累了、生病了，或者身体虚弱。她可能还没有解决她自己的育儿冲突。祖母可能并不认为自己适合养育小孩，或者可能认为育儿不如其他的追求更有意义。

卡罗尔的两个孩子都十几岁了，她发现在家里她很难和第一个孩子相处，在她儿子6个月大的时候她就回去做了全职工作，因为她的母亲几乎没有给予她任何的支持，也没有一个女性团体可以依靠。"我发现和孩子待在家里对我来说很困难。我不善于和别的母亲建立人际网络，我想很多习惯待在家里的母亲不会出现这种状况。"

卡罗尔的父亲在她怀孕的时候就去世了，她的母亲在她第一个孩子出生3个月后也去世了。她丈夫的家人和她的兄弟姐妹都生活在离他们很远的地方。"我感到孤立无助，很孤单。去公园散步或在儿子小憩时坐在家里，我觉得都是很无聊的。没有成年人的陪伴，每天都是例行性地照顾宝宝，我觉得非常厌烦。如果我以前花更多的时间在建立人际关系上，我可能会有更多的社交圈。我对将要失去职场人士这个身份，成为没有工作的人感到害怕。"

卡罗尔描述了她自己的母亲在育儿上的困难："我的母亲喂养我们，照顾我们的基本生活，但是我不记得她曾和我们一起玩。她会带我们去海滩，然后自己游泳游两个小时。她告诉我，她对做母亲感到厌烦。我想她很沮丧。她在情感层面上没有进行深刻反省，所以我不认为她会后悔。"

卡罗尔觉得她试图通过与自己的孩子建立亲密关系来弥补自己母亲的情感缺失，但即使她有意识地努力，她仍然延续从母亲那里学到的情感冷漠。"我觉得我很快就教会我的孩子学会独立，而现在有时候他们头也不回地就走了，甚至不会打电话回来，他们似乎不需要和我联系。"

卡罗尔后悔自己安排了那么多事情，而不是和自己的孩子在一起。她难过地说："我不能放松并享受育儿过程，我每天没有花太多的时间和他们在一起。我真希望我在工作中没有那么累，导致我只想让他们上床睡觉。"

像许多母亲一样，卡罗尔也曾以为在生完孩子后她仍会像以前一样花同样多的时间和精力在外面工作。"我从来没有坐下来认真地思考这件事。这是一个重大的决定，不应该在不加思索的情况下做出决定。我希望我能了解我自己，明白我自己的需求是什么，我自己的成长经历是什么，以及我想要成为什么样的母亲，以便做出更明智的决定。"

如果你想要生一个孩子或者准备怀孕，那么是时候去探索你的感受了：积极的、消极的以及矛盾的感觉。

如果你已经怀孕了，你对成为一个母亲有何感受？开心和激动？对要求和责任有一点担心？还是感到悲伤，或许甚至对失去以往的生活感到一点沮丧？

为了应对社会和家庭压力而怀孕，因为你的配偶想要你生孩子，或是因为你想要某人以你从未被爱过的方式爱你，都不是生孩子最健康的理由。如果你的期望是作为母亲，你会一直很幸福，而且总是能满足宝宝的需求，你就会让自己面对巨大的失望。

当女性想要生孩子的时候，她们往往会淡化或否定她们消极或矛盾情绪的重要性，希望在孩子出生后一切都会得到解决。然而，情况恰恰相反，因为当宝宝出生时，这些复杂的情感往往会以一种猛烈的方式浮出水面。在你怀孕或生孩子前，最好跟心理医生或咨询师谈一谈，来解决这些情绪和担忧。然而正如我们从乔安娜的故事中看到的，寻求帮助和修复与孩子的关系永远不会太迟。在任何年龄寻求帮助或反思这些问题都能帮助改善母亲和孩子之间的关系，也会促进祖母与孙子（或孙女）之间关系的发展。

新手妈妈需要支持

正如非洲谚语所说的："培养一个孩子需要一个村庄。"但是更重要的是，需要一个村庄来关照新手妈妈。在宝宝出生之前建立你的支持系统：你的配偶、亲戚、朋友、医生、儿科医生、助产士或代理照料者。通常来帮助新手妈妈的亲戚在两周后会离开——这时候宝宝刚刚认识到自己已经来到这个世界，并且变得活跃，要求很高！在许多的文化中亲戚和朋友在新手妈妈生产后的1个月到6周里照顾她们。这并非多此一举，而是必需的。当每个人都离开时是你感到最孤独的时刻。对于新手妈妈来说，加入一个支持小组、孕妇瑜伽班或分娩班是很有帮助的，在那里你可以和其他的母亲分享你的感受。请记住，从古到今母亲从未独自经历怀孕或抚养孩子的过程，怀孕或抚养孩子时你不是独自一人，这是很重要的。

在你怀孕前或怀孕期间，抑或是你的宝宝出生之后，如果你感受到压力或不知所措，与你的配偶和最亲近的人分享你的感受是很重要的。很多女性对自己因为生孩子或照顾孩子产生矛盾情绪而感到羞愧。如果跟你的伴侣、亲戚或朋友诉说这些情绪让你感到不自在的话，就和你的医生谈谈。开放的沟通和情感表达对心理健康和幸福至关重要，尤其是对母亲来说。

如果你知道自己倾向于推开或否定痛苦的感受，那么当你想要成为母亲的时候，尽量避免推开或压制你的矛盾心理或冲突。怀孕的时候比分娩的时候更容易治疗。尽管你可以在怀孕时期的任何时间去寻求帮助，但越早排解越好，这对你和你的孩子都有很大益处。

观察宝宝并与他们互动是令人着迷的，他们的成长是惊人和微妙的，

需要一个村庄来关照新手妈妈。

146

同时也是引人注目的。和孩子在一起就像欣赏一件艺术品，一开始你没有完全理解，但是第二次、第三次之后，你就被迷住了。我们已经习惯了快速运动、过度刺激感官的活动，以至于我们不能欣赏和发现育儿过程中令人兴奇的事，比如宝宝被他的小手迷住，或是宝宝可以通过舌头来表示饥饿。宝宝做每个细微的动作时，他的脑细胞都在成千上万地增加。观察宝宝是一种非常令人激动的体验，但即使是最令人激动的体验也有无聊的时刻。如果一位母亲太快回到工作岗位，或是在情感上离开孩子，她将会错过孩子身上这些巨大改变，因为她无法忍受自始至终待在那里，而看到的都是比较细微的变化。你曾经为了看到流星或流星雨而仰望夜空吗？如果你觉得无聊并看向别处，你可能会错过它们。

第三部分

改变社会观念

第九章 为什么我们不重视母亲的角色？

女权主义带来的影响

最近在一个晚宴上，一位女性——我们称她为帕蒂——指责我是反女权主义者。我真的大吃一惊，我一直认为我自己是一位女权主义者。当我问为什么，她告诉我，批评日托所，提倡女性在孩子3岁前尽可能地在家里陪伴孩子，这就是反女权主义。

我不同意。我坚信，女性和男性应该拥有平等的机会和选择，并获得同工同酬。作为女权主义不懈努力的结果，女性可以选择去工作来养活自己，她可以选择不结婚或不生孩子（我相信不是所有的女性都应该生孩子）。同样，如果一个男人愿意留在家中和孩子在一起或是花更多的时间照顾孩子，显示出他温柔的一面，而不被认为缺乏男子气概，这些都让我非常激动。我相信女人和男人都可以工作并且要孩子，只要他们在各方面都把孩子放在首位。是的，我可能是以儿童为中心的，但是这并不会使我成为反女权主义者。

在一个杂志的采访中，天后碧昂丝（我可以肯定地说，她是一名顶级的歌手和艺人）说："在我所有的成就中，我最骄傲的时刻就是当我生下我的女儿布鲁的时候。"[1] 这引发了评论狂潮。在 mic.com 网站上，珍妮·库特纳回应道："世界上最成功的职业女性之一，平等地看待她的事业成就，这不是令人振奋吗？"[2] 在网站 Refinery29 上伊丽莎白·基弗回应道："如果这是事实的话，这将会是某些人所说的进步主义的完美言论。然而，女性可以决定她们最伟大的时刻，而不用担心会被一些关于'优秀的女权主义者意味着什么'的不断变化的衡量标准所评判，这将会更令人振奋。"[3] 对此我当然同意。

如果成为一名女权主义者意味着你可以做任何你想要做的事情，而不去考虑你的离开对孩子所造成的后果，当孩子因为和你分开感到痛苦时你也没有和孩子共情，那么我想我不是帕蒂定义的女权主义者。20世纪70年代，女权主义者致力于给予女性选择的权利，选择更注重职业发展的生活，在工作中和男性有一样的机会、薪酬和权利。女权主义解放了女性，让她们可以做出自己的选择，变得独立，反对虐待，在一个她们曾经经常在性别上和智力上缺乏自信的世界上感觉充满了力量，而在职业选择和赚钱能力的方面，女权主义为男性和女性提供了相对公平的竞争环境。女权主义还让不生孩子的选择合法化。许多早期女权主义领袖选择了在生活中更注重工作和职业抱负，而不是生孩子。这是她们的选择，我尊重她们。但是女性无法做所有的事情。男性也无法做所有的事请。我们都在做选择，总有一条没有被选择的路，拥有这些选择意味着我们可以选择自己想要的生活，而不是应该只按照自己的意愿去做出选择。许多母亲必须靠工作来供养家庭，但关于我们想要什么和我们需要什么的界限已经很模糊了。许多女性不再重视和优先考虑与孩子的关系，而是很快重新开始工作或远离她们的宝宝。

精神分析学家、神经生物学家丹尼尔·希尔在他的《情绪调节理论》一书中说道："仔细想想，你就会明白孩子与母亲之间的依恋和联结在孩子情感健康发展关键窗口期的重要作用。"因为在女性内部关于无妥协地完全享有产假仍存在分歧，所以在女权主义内部关于产假也有很多人持反对意见。像玛格丽特·马勒、杰·贝尔斯基以及依恋理论之父约翰·鲍比这样权威的发展心理学家，都被认为是"反女权主义者"，因为女性寻求帮助时他们提倡孩子的权利，以及他们坚持母亲育儿重要性的立场。20 世纪 80 年代，贝尔斯基质疑把孩子放在日托所是否真的是对孩子最好的选择，然后他被贴上"厌恶女性者"的标签。所以你可以说，我和那些被错误地贴上反女权主义者标签的同行们是一样的。

在《纽约时报》的一篇专栏中，朵蒂丝·史秋拉维兹写道："我们需要另一种女权主义。因为找不到更好的词来形容，暂时称之为"照料主义。"很多父母对仅仅几周的无薪产假感到不满，照料主义认为他们需要尊严和经济上的公平。照料主义要努力减轻成年子女为照顾年迈父母所要做出的牺牲……当我们需要重新思考我们生活中重要事情在时间上的先后顺序时，我们正在为 12 周的产假奋斗。一位照料主义者的待议事项中应该包括延伸职业生涯使之跨越更长时间，从而使父母双方随着需求的增加都可以更容易地离开和回到工作岗位。[4]

我不相信你能拥有一切，至少在生命中的同一时段是不可能的。

首先，拥有（having）是一个表示占有的词。当我们致力于拥有一个孩子，拥有一段婚姻，拥有一份伟大而成功的工作，拥有许多的物质财富，我们就脱离了生命中最重要的部分——存在（being）。事业有成、赚许多钱可以让你买更多的东西，但是不会帮助我们更多地陪伴我们所爱的人：孩子、配偶、家人和朋友。建立亲密关系需要时间。放弃你作为主要照料者的角色，随之而来的就是牺牲了你与孩子在身体上和情感上的亲密联结。

安妮-玛丽·斯劳特和她的丈夫接受了 CNN 的采访。当斯劳特往返于普斯林顿和华盛顿（她在位于华盛顿的美国国务院工作），她的丈夫作为主要照料者照顾他们的两个儿子。她说："现在我的两个儿子更经常与他们的父亲联系，给他发短信，而不是我，这使我感到很有竞争压力。"她的丈夫说："这是作为主要照料者的好处。"[5]

马克，我们在第六章中所提到的全职父亲，他知道自己牺牲了一些收入，但是他从未后悔过为了和孩子拥有更亲密的关系而放弃一些东西。

生命很漫长，你可以做很多的事情，但是你不能同时做好所有的事情。一生都在追求更高成就的年轻女性告诉我，如果她们离开公司，她们就永远无法回到同一水平。这是真的！如果你选择把家庭放在第一位，那么你就永远不可能成为银行或者律师事务所的 CEO。但是如果你把事业放在首位，那么你可能就不会拥有情感健康的孩子，或是现在以及你的孩子成年后也无法和他们有亲密关系。

的确，生活不是一条只能向一个方向前进的直线，最有趣的尝试就发生在你打破常规的时刻。我的大姐（也是一名精神分析学家）曾经故意让自己开车时迷路，试图让自己找到其他的回家路线。我认为这和生活非常相似，通过这种方式可以更好地根据自己的情况，找到个人和职业满意度的正确组合。

我观察到像女议员妮塔·洛伊这样的女性，她说："你的一生可以有很多的职业……我在家里抚养我的孩子，直到我最小的孩子 9 岁，然后我开始在政府机关工作。"1988 年她当选为国会议员，截至这本书出版时她仍然是代表纽约州的国会议员。

凯蒂告诉我："这很有趣，因为我的职业生涯起步很晚，当人们听到我所取得的成就都感到很震惊。"

凯蒂毕业于威廉姆斯学院。她 20 多岁的时候嫁给了一个因为工作需要频繁搬家的高管（他们在结婚的十五年里搬了十次家），她有两个孩子。因为他们经常搬家，凯蒂把时间花在照顾家人上，偶尔在孩子们去学校的时候做兼职，最后她获得了工商管理硕士学位（MBA）。

当孩子上中学的时候，她的丈夫提前退休，成为一名顾问以及家庭主夫。他们在芝加哥的郊区定居下来，凯蒂在一家电子商务公司找到了一份全职工作，之后又去了一所大学做兼职接待员，这份工作为其雇员的孩子提供了很高的学费优惠，她的大女儿上了这所学校。当她的小女儿开始上大学的时候，凯蒂获得了一个营销公司的具有挑战性的工作，管理庞大的公司账户。她投入到工作中，发现她的成熟和自信以及生活经历给予了她与客户打交道的优势。"我知道我选择了一条不寻常的道路，"她说，"但是我希望其他女性能从我的经历中得到一些启发。"

我一直认为作为女性，我们在某些方面比男性更有优势，比如能给孩子更多的照顾和同理心，在情感上更敏感，更能理解人际关系的细微差别。社会有一个新的呼吁，让女性成为企业界、商界和政界里的领导，但是我们只有首先在家里有能力了解和照顾我们的孩子，我们才会有能力成为领导。

那些愿意养育自己孩子的女性，认为育儿是对社会的巨大贡献，也是人生中有意义的追求，在某一时刻有人会告诉她们，选择在家里照顾孩子是不符合时代潮流的，不符合女权主义的，不酷的。对于那些选择把抚养孩子作为有意义的工作的母亲社会并没有表示尊重和赞赏，而是排斥这些女性和她们工作的意义，甚至她们的配偶也质疑育儿的价值。

我经常听到职场妈妈说，年轻女性看到她们的母亲处于高职位时会感觉非常棒。这可能是真的。但是对于婴幼儿来说，他们不在乎母亲是否有工作，他们只希望当他们需要妈妈时，妈妈会在身边。当孩子长大了，对母亲的需求不再那么强烈了，如果母亲没有陪在身边也能理解，看见他们的母亲在有意义的工作和抚养孩子之间进行平衡，也能给予力量。但是在孩子出生的头三年里，情况就完全不同了。

要想实现范式转移（paradigm shift），我们的社会不得不远离旧模式，为新的模式创造空间。当你做出改变的时候，你通常需要远离你过去的生活寻找新的起点，但是这个新的起点并不是永久的。就像一个青春期的孩子，在找到新的更成熟的关系之前，他会宣布从父母那里独立出来。为了使女性摆脱过去不平等的、没有选择权的社会的束缚，女权运动变成了强制女性在生理上和情感上抛弃和诋毁所有女性传统的追求，包括育儿，而不是设法提供和确保多样的选择机会和生活方式。现在需要在传统和新的变化之间找到一个合理的平衡点。所有抚养孩子的选择都是可以被接受的，但是个人做出这些决定的时候，应该了解她们的责任和这些决定所带来的影响。

我永远不想要再回到女性无法选择自己想要的生活的时代。我梦想的社会是女性能意识到并诚实面对自己的担忧，如果她们有孩子，她们能够在孩子最需要她们的时候陪伴孩子；当孩子们的需求改变时，她们能在工作中或其他对她们重要的事情中找到成就感。亚里士多德认为，当我们临终时，我们要问问自己，在生活中，什么给我们带来了真正的满足感。在生命的最后，这些女性会通过亚里士多德的临终测试，因为她们过着美好的生活。

为什么我们轻视养育工作？

很久以前的社会文化赞美给予和养育生命的力量。如今，许多女性把自己视为追求权力、金钱和工作平等的勇士，放弃没有成就感的养育角色。然而她们却忽略了一点，育儿是家庭坚实的基础，能经受住未来的风暴。在她们看来，成为一个更坚强的女性意味着像男人一样，把育儿托付给那些被看低的陌生人，这些人得到的工资很少，并几乎得不到工作保障和尊重。许多这样的照料者离开她们自己的孩子去照顾别人的孩子，这是许多人都想避免的一个痛苦的选择。

在传统的男性主导的领域里，越来越多的报酬丰厚的机会向女性开放，越来越多的女性放弃了养育类的职业，如教育、咨询、护理、言语治疗、物理治疗、按摩和营养学等，传统上这些专业给予女性更多灵活性并更好地掌控自己的生活。问题是，像法律、金融、商业管理、科技甚至是医生这样的职业都不是家庭友好型的，为了与男性竞争，女性必须把工作放在首位。害怕已经取代了控制：害怕失去工作，害怕失去工作中的职务，害怕赚更少的钱，害怕失去自我，这些通常与工作密切相关。在许多行业中，工作更像是一副金手铐。女性没有质疑现状，而是完全接受。然而康奈尔大学的最新研究发现，当大量的女性进入一个领域的时候，跟之前男性做同样的工作但所获得的薪酬要比男性少。这不仅仅发生在对受教育程度要求高的工作上——女医生的薪酬是男医生薪酬的71％，也发生在需要较少技能的工作中——看门人赚得比女佣和女管家要多[6]。女性的工作，不论是什么工作，确实没有受到重视。

在2015年9月《纽约时报》的一篇文章中，加利福尼亚大学的工作生活法律中心主任琼·威廉姆斯说："深层的工作文化理念传达着这样一个信息：如果你是真的忠诚于公司，你会一直坚守岗位。"[7]看看雅虎！在2013年，公司规定延长产假，但是CEO玛丽莎·梅耶尔在生下双胞胎后只请了两周的产假。这传递给女性员工一种什么样的信息？

成功现在与财富、职业和物质上的努力绑在了一起，而不是跟人际关系有关，一天24小时、一周7天的工作已经取代了育儿成为优先选项。根据2009年皮尤研究中心的调查结果，37％有孩子的女性更喜欢全职工作，62％的女性更喜欢兼职工作[8]。很多母亲会对育儿感到矛盾，对是否该更重视母亲角色而非有偿劳动感到矛盾，这是非常令人不安的统计结果。少数的经济学家会告诉我们，女性工作会有利于社会经济，但是对社会经济有利不一定对社会情感有利。

在哈佛大学的一项关于幸福和拥有美好生活的长期纵向研究中，研究者在 77 年里追踪了 724 个人，来探究什么使人幸福。结论是：不是金钱、权利和名声使人幸福，而是关系[9]。我的大儿子从南非实习回来，为贫困的艾滋病青年提供医疗服务这个工作，激发了他帮助和给予那些比他更不幸的人的热情。他对我说："妈妈，我看到这些人如此贫穷，但是他们的价值观念是建立在关系、家庭、朋友和社区之上，这是他们生活中最重要的部分。"我认为这就说明了一切。

产假政策和缺乏弹性的工作，明显影响了女性在生完孩子后什么时间和以什么职位回去工作。但是如果 37% 的女性选择在生完孩子后尽快回去做全职工作，这不仅仅是我们面临的外部障碍，也是女性的一个内部障碍。

夏洛特，一位三个孩子的母亲，她在第二个孩子出生后决定不回去做杂志编辑的工作。她告诉我："我喜欢待在家里。如果社会不告诉我这是错的，我不会感到任何的矛盾。无论去哪里，社会都会告诉全职妈妈，我们对社会没有贡献或是我们比职场妈妈的贡献更小。如果你问我，我觉得这是问题的一部分。当我的孩子需要我，当学校打电话来，我想要成为那个安慰他们的人。那个人不是保姆，不是我的婆婆，而是我。当他们还是婴儿的时候我就这样感觉，他们现在长大了我还是这样想。要是社会能认可我们的价值多好。"

女性在以男性为主导的行业里工作不是不可能，在这些行业里，工作文化已经渗透进家庭生活中，从事这些工作要求有坚定的信念，坚持不懈，以及对于工作和家庭设定界限的承诺。这还需要愿意失去一些（或者有时候是全部）你在职业中所获得的进步，由此来满足你和家庭的需求。

我采访过的母亲，像第四章中的玛拉，她的工作领域对母亲们并不是很友好但还是对她们有些帮助的，而从逻辑角度来说，"女性"助人行业（helping professions）对于那些想要尽可能在孩子出生后的前几年陪伴孩子的女性来说仍然是最好的选择。值得一提的是，从情感的角度来看，这些工作也更适合抚养孩子。如果你一整天从事的工作需要左脑的技能，鼓励进取的、竞争的、非共情的行为，在一天结束后要改变方式，转变为右脑的共情和敏感，会更加困难。

在一次会议上我遇见了一个儿科医生。她在东海岸的一家非常著名的医院里工作。她告诉我："你不会相信，儿科医生在照顾孩子生理和心理的健康，但她们只有两周的产假。这真糟糕！我知道待在家里和孩子在一起是最好的，但是我不得不回到工作岗位，不然就会失去工作。"我问她是否想过辞去工作，她说想过，但是太害怕了。我很气愤：她不得不去上班，并且在工作中提倡女性待在家中和她们的孩子在一起，而她自己却无法做到这样！很讽刺，不是吗？

育儿的经济学分析

在讨论对育儿这一职业的贬低时，我不能不提到我们的社会把经济意义放在我们孩子和子孙后代的情感健康之前。赚钱已经成为我们成功的试金石，相比于物质成就和事业成就，人际关系是相对次要的。最近一项对于千禧一代（1984—2000年出生的孩子）的调查，询问他们

> 赚钱已经成为我们成功的试金石。

什么是人生最重要的目标。超过80%的人认为是致富，另外有50%的人认为是成名[10]。或许这就是为什么我们在美国有不快乐、沮丧和焦虑的成年人的危机，我们把焦点放在物质财富和地位上。相比于在外有薪工作，我们没有把育儿看作一件有意义的工作。许多由经济学家而不是治疗师进行的研究认为女性应该回去工作，他们没有看到母亲陪伴的缺失对幼儿的影响，并鼓励（无论他们是否打算这么做）用分离的方法抚养孩子。弗洛伊德说我们需要"爱和工作"来实现幸福人生，但是注意这

些词出现的顺序。俗话说得好，没有人在临终前说过"我应该在工作上花更多的时间"。我们会后悔没有得到提升吗？或后悔我们没有积累足够的财富和地位吗？我们会后悔感到孤独以及和本应该是最亲密的人失去了联系吗？我们的孩子会为我们哀悼吗？我们会留给他们健康的情感作为我们的遗产，还是在本该拥有爱和安全感的心灵里留下痛苦和空虚？我们会成为"他们记忆中的祝福"，还是因为我们的忽视而变成了诅咒？

二战以后我们的社会变得更加注重物质财富和财产的积累。全国都着迷于最新、最重要、最好的东西。新的职业机会对女性开放。女权运动刚开始提倡在法律上女性享有平等待遇和薪酬，女性有权做出任何有利于她的生活选择。从某个时候起，女权主义认为除非女性在外面工作，否则她们不会得到成就感或满足感，不论她的孩子多小。在这个范式里，女性有更多的选择、更能控制自己的金钱，但是她们也感到社会在对女性的支持、对培养亲子关系和助人职业的尊重方面在倒退。许多女性选择工作而把照顾孩子交给其他人，看低那些选择成为孩子的主要照料者的女性以及在工作中选择"妈妈轨道"（mommy track）的女性。我们几乎把宝宝和洗澡水一起倒掉了。

我们的经济和生活方式变得更加依赖双收入家庭模式。据皮尤研究中心（Pew Research Center）调查，在美国双收入家庭的数量已经从1960年的25%上升到2012年的60%，并将持续上升[11]。如果你生活在纽约（不仅仅是曼哈顿），你在一两周内就会听到别人说如果父母双方有人不工作，生活很难过得舒适。我的很多客户都是中上和高收入的阶层，来找我咨询的母亲们经常告诉我，她们和丈夫必须全职工作来维持生计。听到这句话后我的第一个问题是有多少是需求（need），有多少是欲求（desire）。如果你和伴侣都必须工作来支付食物、住所、医疗、交通和服装，这是需求。如果你工作是为了买得起宝马、六十英寸的平板电视，这是欲求。一个家庭中父母双方都工作对于经济方面来说可能是有意义的，但也可能会牺牲孩子的幸福。还有许多其他的隐形成本。除去所有的额外花费——通勤、工作服装、服务费（清洁、外卖）、育儿（最重要的），实际的经济支出可能并不像你想的那么大。雇一个住家照料者，一周的支出能高达七百美元（取决于你住哪里），还不包括额外的保险费和税收。日托通常是最便宜的选择，每月支出从330美元到1564美元不等，早送晚接还要支付额外的费用。在2013年，Salary.com网站估计一个家庭每年要花费超过113586美元来代替母亲所做的这项重要任务[12]，这些成本还在继续上升。

甚至我们政治和商业领袖中的很多女性，也在继续宣扬全职工作比养育孩子更令人钦佩和更有成就感的观点，并认为低成本高效益的日托是一种可接受的、甚至是理想的照顾幼儿的方式，我们不需要牺牲任何东西来获得职业上和经济上的成功。社会告诉我们，赚钱的女性比陪伴孩子的女性对社会、对我们自己甚至对家庭来说都更好。是的，家庭拥有更多的经济资源是更好的，而且（这是很重要的一点）当孩子长大，工作的母亲向她的孩子表明女性也可以像男性一样获得成功，但这不是事实的全部。

所有的女性都有权利在孩子年幼的时候和孩子在一起。然而，针对母亲和孩子进行的工作还是留在家中的成本效益分析也有例外情况。研究表明，那些有固定上下班时间，甚至轮班工作的工薪阶层单身母亲的孩子在心理健康方面表现得很好，因为母亲的工作给家庭带来了经济保障。在低收入的家庭，减轻家庭经济负担也减轻了母亲的压力。然而，同样的研究也表明，父母双方都工作的中产阶级和上层中产阶级的孩子，心理健康方面不是很好，当他们的母亲每天轮班工作或工作超过8个小时，就像目前许多职业要求的那样，情况会变得更糟糕。我和生活在富裕的家庭中的孩子们一起工作发现，这些孩子明白，他们的父母更喜欢把工作、事业和物质上的成功当成优先考虑的事项，而不是孩子。他们感受到与父母的分离，并把它解释为拒绝。孩子是我们真实意图最大的试金石。他们知道什么时候我们为不能和他们在一起感到非常难过和抱歉，什么时候我们更愿意去别的地方。我发现年幼的孩子更聪明，更能触及最重要的事情，会把关系、亲密、依赖和爱的天性当作优先事项。

梅德林·莱文在她的著作《特权的代价》一书中描述了美国崇尚财富、用物质取代亲密的文化，如何造就了一代缺乏真正自我意识的年轻人[13]。她主要研究青少年，但是正如我们所了解的，建立安全的内部结构要更早开始。

是的，对于那些必须工作为孩子提供必要的经济保障的母亲来说，工作是有好处。然而这些研究总是把工作对女性的好处和没有钱造成的压力联系在一起。然而对于中层、中上层、上层阶级家庭并不存在这种情况，因为母亲在选择工作前所面临的经济压力相对较小。一项对于在贫困线以下母亲的研究显示，56%的母亲患有产后抑郁症。对于职业女性和富裕阶层的女性我们没有这样的统计数据，但在工作中我看到了患产后抑郁症母亲数量的增加。事实上，对于中产阶级的母亲，在家庭之外非常紧张地工作或是长时间地工作，给这些母亲的生活和她们的家庭都带来了更多的压力。

我们很容易分不清自己的欲求和需求。当我们教育幼儿为什么他们不能每天都有新的玩具时，我们实际上是在教导他们，他们不能拥有他们想要的一切，他们必须学会承受挫折，并区分哪些是需求，哪些是欲求。

> 我们很容易分不清自己的欲求和需求。

对于母亲来说，也面临同样的选择困境，她们必须区分哪些是对孩子和家庭真正重要的，哪些是她们希望拥有的。如果你想要工作，因为你爱你的工作、爱赚钱，但是你需要照顾你的孩子，或许折中方案是去工作，但是工作更少的时间，或者去做不要求必须待在办公室里的工作。然而，如果你的解决办法是只专注于你的欲求，因为社会告诉你，坚持一直陪伴孩子对于孩子成长为健康、有爱、负责的成年人并不重要，那么你就不会做出一个明智的选择。

第十章　我们该如何选择？
优先关注家庭需求

改变政策

我不是经济学家，也不是政策专家。我没有权力获取所有的数据并通过统计分析说明女性在家育儿不仅仅对她的家庭有好处，而且还有利于社会。我所能提供的是一线的经验：接受治疗的一些母亲曾经把工作或是其他的兴趣优先于孩子的身心健康，而今不得不承受这样做的后果，还有一些前来咨询的孩子因为他们的母亲没有以一种有意义的方式陪伴他们而受痛苦折磨。

在1993年的美国《家庭与医疗休假法案》中要求雇主（一些雇主例外）允许符合条件的雇员获得有工作保障的无薪休假12周，以应对他们自己、父母、配偶和孩子出现的严重健康状况，以及怀孕、照顾新生儿（出生后一年以内），领养或寄养孩子[1]。这不是产假。一些人会认为在理想世界里，公司会提供一年的带薪产假，第二年还提供兼职工作机会或弹性的工作时间。我想要看到的是美国制定这样一个政策，6个月全薪休假，6个月有部分薪水的休假，之后两年内有灵活的工作时间安排。虽然没有哪个国家提供这种解决方案，但2014年国际劳工组织发布的一份报告指出，美国是仅有的不能为新手父母提供某种带薪休假的三个国家之一[2]。带薪产假有不可否认的好处，包括降低母亲和婴儿的死亡率。挪威的一项研究发现，在 1977 年政府开始允许母亲拥有 4 个月的带薪假期和 12 个月的无薪假期，此后出生的孩子，辍学的比例变低，有更高的大学入学率，并且比在 1977 年，即政策颁布那年前出生的孩子有更高的收入[3]。

实现带薪休假的责任落在每个公司身上。一些公司积极地迎接挑战（比如 Etsy），修改后的公司政策为所有的公司员工（不包括销售商）提供了 26 个月的带薪假期，包括养父母和代孕父母。"我们想要建立一种文化，就是鼓励和支持所有的父母去花时间照顾他们新生的、正在成长的家庭成员。"[4] 当我在写这些内容时，这个政策被贯彻得如何还有待观察，但是当一个公司明白对家庭有利的事情对公司也有好处时，这是一个希望的信号。我希望其他的公司也能注意到这一点并照着做。

其他的公司和机构并不都像 Etsy 公司一样具有同情心和前瞻性。琼是一所美国著名私立学校的教社会公正这门课的非洲裔美国老师。当她怀上她儿子的时候，学校给了她 12 周的产假，其中 9 周是带薪休假。她假期的前两周是她孕期的最后两周。尽管她想延长假期，并且愿意接受无薪休假，但是学校不同意。她在儿子刚出生不久就回去工作，这让她感到很痛苦，所以当她怀上女儿的时候，她安排了一年的假期。她认为会像之前一样有 9 周的带薪休假，但是因为她请假了，所以她的产假没有被包括在内。她说："我们在照顾别人的孩子，但是学校并没有把家庭放在学校之前考虑。"

虽然带薪休假是政客们和专家们的热门话题，但如果女性对作为孩子的最重要的主要照料者这一角色感到矛盾，并仍旧把她们的职业抱负放在第一位，那么我们该如何倡导那些对孩子们最有利的政策呢？我们如何能指望我们的政府和社会机构会对不健全的制度做出适当的改变呢？只有我们承认没有什么工作比培养情感健康的人更重要这个理念，这些政策才可能发生改变。

女性的矛盾心理：改变文化

除非我们解决了对"养育是否是一份有价值的工作？是否具有巨大的社会价值？"的矛盾心理，否则在美国我们不会享有像东欧和北欧国家规定的全薪和部分带薪产假（孩子出生后或收养孩子后）或是家庭护理休假（延长一个女性可以照顾她的孩子的时间）。一些国家为新手妈妈提供了长达166周的休假。对这类立法的社会支持需要我们认识到以金钱衡量的医疗成本：一代又一代患病儿童和功能低下的儿童，以及对于那些患有抑郁症、焦虑症和各种成瘾的年轻人，把这些用金钱来衡量，经济损失超过了女性在孩子还小的时候去工作加上带薪产假所得到的经济效益。在过去的十年里，儿童和青少年的心理疾病发病率增加了400%[5]。如果我们的孩子是社会健康的试金石，那么很明显，有些事情是错误的。

从1995—1997年间，凯萨医疗集团进行了一项有开创性的儿童时期不良经历调查。对来自于不同社会和经济背景的超过17000名参与者的调查，清楚地显示了童年时期的忽视、虐待、压力与后来出现的心理健康问题和生理健康问题（例如抑郁、焦虑、成瘾、心脏病、糖尿病、癌症）之间的关系[6]。这些健康问题给社会带来的损失不仅仅是医疗支持服务的经济成本，还包括劳动力损失所带来的人力成本。

除了损失健康的年轻劳动力，也会损失一部分女性劳动力。如果女性能够获得带薪产假和灵活的兼职工作，她们很可能在孩子出生后回去继续工作。到目前为止，只有12%的美国员工拥有照顾宝宝或生病亲属的带薪休假[7]，但是公司意识到如果他们想要留住女性人才他们就必须提供慷慨的产假。维珍（Virgin）集团和网飞（Netflix）公司最近将带薪产假延长至一年[8]。YouTube网站的首席执行官苏珊·沃西基指出，在2007年，当谷歌总公司将产假从12周延长至18周，新手妈妈们的辞职率下降了一半[9]。

根据美国进步中心的数据，公司需要花费一位员工薪酬的20%或更多的成本来雇用一个人来替代他或她的工作岗位[10]。安妮-玛丽·斯劳特在她《商务囧途》一书中指出，一个没有产假和灵活的工作时间的国家，导致许多女性要么放弃照顾自己的孩子而去照顾其他人，如果她们不愿这样做，要么放弃她们的工作[11]。

企业和专业机构正在失去一个留住有才华女性的机会，如果给她们选择的话，女性会愿意继续从事她们的工作，即使需要她们在抚养孩子的前几年减少一定的育儿强度。许多女性离开她们选择的职业，要么是因为在孩子小的时候，她们没有安排工作内容以及工作时间的自由，或当她们有孩子后意识到休假的重要性后，职位却不能得到保留。

就像宝宝在和他们的母亲分开后只能保持几个小时的冷静一样，女性离开他们的宝宝也有一个最大的时间限制。一个有机会做兼职工作的新手妈妈可能更想证明自己的价值，可能比一个全职的母亲更有效率，全职工作的母亲每天都要为离开她的孩子太长时间感到内疚和矛盾。而工作时间减少的女性，如果雇主可以给予她所需要的支持和灵活性，她会对雇主更加忠诚。

在短期内让我们的职业做出让步，意味着让我们最重要的资产——我们的孩子获得长期的满意。我们需要认识到让步是一种自由而不是约束。虽然有法律保护女性在休产假的时候不会彻底失去工作，这并不意味着她们确实能以同样的水平或同样的强度回去工作，如果她们想要控制

> 我们需要认识到让步是一种自由而不是约束。

自己的时间安排从而有更多的时间陪伴孩子。母亲的身份会分散她们的精力,使她们选择一条不那么令人满意的职业道路。

坦然面对角色转变和新的家庭结构

旧的家庭模式已经发生改变。我们需要认识到父亲在照顾孩子中的重要角色,并鼓励接受其他的家庭模式。然而我们也必须承认这些新的模式对孩子情感的挑战,调和其他模式所代表的缺失对孩子的影响。一个孩子可能由单亲母亲或单亲父亲,或是两个妈妈或两个爸爸抚养。目前还没有时间跨度足够长的研究来帮助我们了解其他家庭模式将如何影响孩子心理和精神健康,但是对模型的初步研究表明,如果孩子被给予了细心的照顾,他们就能茁壮成长。但是对于特殊的家庭模式来说,不要忽视母亲的重要性以及她们所扮演的角色,即使她们没有参与育儿或陪伴孩子。

父亲角色也正在改变。几乎 1/3 的美国女性比他们的丈夫有更高的收入,更多的男性在承担照顾孩子和管理家务的责任。配偶外出工作、男性待在家中的情况增加了:2014 年皮尤中心的一项研究显示,将近两百万的男性待在家中,其中有超过 20% 的男性专门照顾他们的孩子[12]。

对于父亲来说,要成为真正的主要照料者,他们必须学会像母亲一样和孩子相处,照顾孩子,并在情感上陪伴孩子。我们都知道当父亲和孩子在一起的时间更多时,他们的催产素水平会上升,使他们更有可能成为敏感的照料者。父亲也可以被教会像敏感的母亲一样去养育孩子,正如我们在第六章提到的马克一样。谁知道这最终将如何改变父亲的大脑呢?

对于全职照顾孩子的父亲而言,另一个需要注意的问题就是发现并接纳孩子对于失去母亲作为主要照料者的缺失感。这意味着允许孩子因为失去母亲作为主要照料者感到悲伤，并表达他们的悲伤或愤怒，对此父亲并不会感到被拒绝、沮丧或生气。当两个男同性恋者共同抚养一个孩子时，承认母亲的缺失或缺席也同样重要。每一个孩子都有一个亲生母亲以及一个他幻想出来的心目中的妈妈。孩子的母亲是谁以及她在哪里的问题需要得到重视，就像对待孩子的困惑、悲伤、失望和气愤的情绪一样。在孩子 2 岁之前，他无法直接问这个问题，但是他能感受到这种缺失。如果其他需求都被满足了（他不饿，没有尿湿或感到不舒服），他还是在哭，这种母亲的缺失可能就是原因。及时而善解人意的安慰是需要的（见第四章和第五章）。

当孩子开口说话，他会问"为什么我没有妈妈？"这个问题不应该直接回答："你没有母亲但是你有两个爱你的父亲。"而应该是询问他对没有母亲是什么感觉，让他知道如果这让他感到难过或生气是可以的接受的。孩子应该感到他可以问这个问题，而不用担心会使他的父亲感到心烦或生气。让他表达对于没有母亲的好奇、不安或是失望，这并不意味着他对父亲的爱会减少。

我们不能再否认这种把工作优先于家庭的理念对我们孩子情感和心理健康造成的伤害了。不论我们指的是那些很少见到自己孩子的母亲还是经常不在家的父亲，父母陪伴的缺失造成了迷失的一代和情感受到伤害的孩子。双收入家庭是一种社会标准模式，有时候也是必需的，但是我们忽视了家庭的价值而更看重物质上的成功。

我们的社会不断向我们传递矛盾的信息。我们希望根除儿童和青少年的心理健康问题，比如抑郁、焦虑和暴力，但却不想太过深入地去探究这个问题的根源。我们说我们重视家庭，但是我们工作的时间更长，休假的时间比任何其他的国家都要少。我们依然提倡建立家庭，即使我们不能照顾家人。一周 7 天每天 24 小时的工作与养育健康的孩子是不协

一周 7 天每天 24 个小时的工作与养育健康的孩子是不协调的。

调的。即使父母拥有带薪产假和陪产假，许多人也没有利用这个假期。最近在《快公司》（Fast Company）上的一篇文章解释了亚马逊具有创新性的新产假政策，为母亲们提供了长达 20 周的产假，还有一项"假期分享"（Leave Share）计划，让员工和他们可能没有带薪产假的伴侣分享他们的假期。他们还创建了"逐步回归"（Ramp Back）计划，为新手妈妈和主要的照料者提供了 8 周的灵活时间[13]。但是非常令人惊讶的是很多员工都没有休假，因为他们害怕失去工作，或者害怕失去工作中的地位。文化本身必须改变，这样女性才能感觉到这些政策提供了真正的选择，没有附加条件或负面后果。

改变一种文化始于家庭，以及我们每个人的内心。首先你要接受有孩子以后所有的一切都改变了，包括工作在你的生活中的重要性也改变了。这意味着不论是谁成为主要照料者，都将更少地参与工作，而更多地投入到孩子身上。太多的女性会相信她们生完孩子后不需要在工作的水平或程度上做出让步。如果她们打算在情感上陪伴孩子，那种想法是不现实的。

改变生活的优先顺序或重新平衡我们的生活，并不意味着我们在生完孩子后能像往常一样生活。改变可能是我们在宝宝发展的前三年关键窗口期里，努力减少我们的责任和工作时间的结果。改变可能来源于一个雇主，他为女性在产假结束后重新回到工作提供了符合实际情况的重新进入工作的时间表以及计划。当你离开工作的时候，你不能指望你的工作为你而暂停，就像你不能相信你的宝宝会为了等你结束 10 个小时的工作后回家，而处于暂停发育的状态。当传统的公司结构没有为女性提供控制权和灵活的日程安排，这时就要改变优先顺序。女人是天生的企业家。我们拥有技能，以及在特定领域的专业知识，可以使我们为自己的利益而奋斗。当我们全职抚养孩子时，我们就是自己最好的老板。虽然福利包可能不像公司那样慷慨大方，但当我们需要花时间和孩子在一起时，不必征得谁的同意。

一方面我们期望公司理解并为所有员工提供产假，另一方面，法律也必须保护那些社会经济风险很高的女性。很多女性是小时工或是从事低薪的轮班工作。她们并不担心她们在生孩子那一年是否会休假或是否会得到奖金。她们担心的是如何支付房租和日常开支，让她们的孩子有基本的生活保障。为那些不那么幸运和机会较少的人提供帮助是一种义务，而不是·种选择。这是我们的责任和义务，通过联邦政府颁布法律，使这些妇女在工作中能得到保障，包括一些带薪产假和收入补贴，让她们对需要工作多少小时有更多的选择，而不用去担心她们能否为孩子提供食物和住所。我们必须实施新政策来支持所有母亲的需求——无论她们的社会经济地位如何，降低工作强度和提供兼职工作机会，这样她们就能更好地陪伴她们的孩子。

所有的母亲都需要更多的支持，这样她们才能成为更好的母亲。女性被期望承担日常的家务，成为主要的照料者，成为家庭的后勤保障和情感中心，即使她们在外工作（或是在家创业）。没有家人、朋友、雇主和政府的支持，我们不可能完成所有被期望做到的事情。曾经，在女性的周围有很多人，就像在一个村庄里，有关系紧密的亲戚和邻居，但今天的情况并非如此。

企业可以为员工提供免税育儿储蓄账户。为什么不给帮助母亲照顾她孩子的祖母、姐妹或者姑姨提供税收减免呢？社会创新者马克·弗里德曼，Encore. org 网站的建立者和首席执行官，他建议因为我们的寿命越来越长，能够工作更长地时间，女性在抽出工作时间照顾孩子的时候也应该享受社会保障待遇。她们可以在法定退休年龄前每年使用社会保障资金，这样她们会延迟退休年龄。他还认为我们的长辈没有充分发挥作用，长辈可以成为妈妈们最大的支持。

有一些立法者也提倡支持母亲和家庭。国会议员妮塔·洛伊是带薪产假的坚定支持者：关于家庭的价值我们讨论了很多，但是需要落到实处，照顾一个宝宝或照顾一个心爱的人是一项非常重要的工作。她提出了社会保障照料者权益法案，为花时间照顾幼小的孩子或照顾年迈或生病父母的女性提供社会保障[14]。参议员柯尔斯顿·吉尔布兰德和国会议员罗莎·德劳洛在 2013 年推出了家庭和医疗保险休假法，这将创造一个由雇主和雇员共同提供资金的国家保险计划。该计划将根据社会保障法，为那些投保社会残疾保险的工作人员，当他们要照顾新生婴儿或生病的家庭成员的时候，可为他们提供 12 周或 60 个工作日的带薪休假[15]。这虽然还不够，但是这是一个开始。

我们必须学会向他人寻求帮助：我们的母亲或者婆婆、女性的亲属、保姆、朋友和其他的母亲，特别是我们的配偶。如今，父亲在对母亲的支持上扮演着重要的角色，特别是当双方都必须工作的情况下。这意味着什么？如果养育孩子成了你的第一要务，那么你和配偶就需要平等地承担责任，分担家务，包括准备餐食，打扫猫箱或遛狗，以及清洁地板。

尽管伴侣已经是一个自愿（即使没有热情）的参与者，煮饭或者打扫家，父亲能够支持母亲的最重要的方式是鼓励她们做出对她们自己以及家庭最有利的选择，欣赏她们，尊重她们，因为她们所做的工作是世界上最重要的工作，因为她们即使失去了额外的经济保障，也会为孩子提供情感和身体上的陪伴。

青少年怎么看？

最近我采访了一群十六七岁的青少年，发现了这本书中一些他们认为对他们很重要的问题。这是一次很有趣的采访，令我感到悲伤也给了我希望。因为这些年轻人是我们的未来。

虽然他们有一些犹豫，不愿意承认，但是大多数的青少年都说虽然他们的爸爸很棒，但是母亲对他们而言是独一无二的。大卫说："父亲是非常重要的缺失的资源，如果父母中有一方很会养育孩子，另一方能够帮助孩子变得独立、更有韧性不是更好吗？"詹娜告诉我："我的母亲比我的父亲更会养育孩子，母亲似乎有表达情感和养育孩子的生理冲动。这并不意味着父母中任何一方对你的爱较少——母亲会回应你的感受和其他人的感受，而父亲对情绪不那么感兴趣，他只是想要知道我很好。"

许多青少年表达了和母亲的亲密关系，特别是那些小时候母亲在身体上和情感上都能够陪伴他们的人。萨曼莎记得她的朋友们是如何向她的母亲寻求建议的。她说："我非常感激我的母亲能有这么多的时间和我在一起，而我对她感到如此亲近。"对于那些没有母亲陪伴的孩子，他们的悲伤显而易见。詹姆士的母亲不能陪伴他，他说："我对妈妈感到很生气，对我的父亲感到更亲近，因为他在我的身边。"

年轻女性所感受到的矛盾心理是显而易见的。一些年轻的女性表达了对于把孩子而不是工作作为优先事项的担忧，觉得这是在背叛女权主义。几乎所有人都承认，母亲的角色比有偿劳动更重要，对孩子的情感健康很重要，但这些女性却担心会因为自己选择留在家里陪伴她们的孩子而不是在养育孩子的同时追求事业而被评判。"还有什么比你的孩子更有趣呢？"凯伦问道，她的母亲待在家中照顾家人。"我不想把生养孩子搞得一团糟，"她继续说道，"母亲的工作肯定比有偿工作更重要。"另一方面，简宣称："我发现我把那些选择待在家中照顾孩子的女性视为反女权主义者。我讨厌自己这样做，但我发现自己在评判她们。这样做会对我的选择有什么影响呢？"

每个人都同意高质量陪伴的时间不能代替陪伴时间的数量，如果你没有足够的时间在身体上陪伴，你就不能在情感上陪伴。下面是他们的一些评论：

"高质量的时间会导致压力和焦虑。"

"你不能人为地创造高质量的时间；它无法代替在一起的时间。"

"父母努力创造出高质量陪伴的时间；大多数孩子对此感到不满足，因为这是基于父母的时间表而不是孩子的时间表。"

"以一种仪式化的强迫方式说我爱你不能代替陪伴，没有什么可以替代陪伴。"

"我妈妈现在做兼职，但是现在不是我需要她的时候。当我还小的时候，那时候我是真的需要她一直陪伴在我的身边。"

这些学生们知道什么时候他们的母亲会为不得不离开孩子去工作而感到难过，以及什么时候他们的妈妈觉得工作比他们更重要。苏菲说："我的妈妈需要很多的保证，当她感到内疚或没有安全感的时候会要求我说很多的我爱你。尽管她在家里做兼职工作，但是她依然感到内疚，因为她没有为我们提供一个有能力的好榜样。她担心和我们在一起自己会成为反女权主义者。这让我很困惑，因为她对自己成为母亲角色的重要性感到困惑，尽管她把母亲角色当成优先考虑的事项。"

乃莉拉眼中的母亲，工作时间很长，经常出差。"她为没有在我们身边感到难过和内疚；现在她认识到她错过了什么，但是有点晚了。她通过用她工作中挣来的钱为我们买好东西来表示她爱我们。我知道她感到内疚并用这些东西来作为替代品。"很明显乃莉拉认为"东西"并不能作为母亲陪伴的替代品时。

他们对自己的未来、工作和家庭会感觉如何？他们的担忧是什么？苏菲想知道："如果我想要抚养我的孩子，我的丈夫是否会理解？还是会产生婚姻问题？"詹娜认为："工作是一件好事，我认为你可以从中学到很多，但我担心我不能达到一种平衡，成为一个足够好的母亲。"

当这些年轻的男女准备要自己的孩子的时候，我希望这个世界变成一个对所有母亲都更有同情心和更有包容心的地方。但现在对于我们所有人来说，我的愿望是你了解在孩子出生后的前三年里，没有比在情感上和身体上尽可能地陪伴孩子还要更好的礼物了。

当你的孩子长大了，这一投资将产生比你现在做的任何投资都要高的收益。这个回报不会增加你银行账户的存款，但是我向你保证，当你看到你的孩子开心、健康、有活力并充满爱时，你不会后悔你做出的决定。

附　录

附录 A 面试照料者

当你面试一个照料者时，要考虑到肢体语言，相信你的直觉，并关注事实。以下是我和在"保姆谁知道"里的同事建议母亲询问来面试的照料者的问题。需要注意的是，这些问题没有特别的排列顺序，也不是所有的问题都符合你的情况。

关于照料者的背景

你照顾孩子多久了？你照顾过多大年龄的孩子？

你近期的一份工作是什么？你为什么打算辞职或是为什么你辞去了你的工作？

你上一份工作中最好或最具有挑战性的地方是什么？

你有没有遇到过紧急情况？你是怎么处理的？

你的最高学历是什么？

你有自己的家庭吗？

你住在哪里？你对自己的家庭承担什么责任？

你有什么特殊的生活或工作经验能够帮助你胜任这份工作？

你是寻找一份长期的工作还是打算在明年或者未来几年寻求其他职业或工作？

你是否拥有急救和心肺复苏证？如果你没有，你是否愿意参加一个课程？我们出费用。

你是否有过不喜欢的工作，你从那里学到了什么？

作为一个保姆，你最喜欢的是哪方面？作为一个保姆，最具挑战性的是什么？你在空闲时间做什么？你想要从雇主那里了解什么？你为什么对这个职位感兴趣？

关于工作的职责

你的日程安排是否具有灵活性？如果我们需要你早点来或者迟点走，这有可能吗？

你会愿意做饭，打扫，做一些简单的家务活和洗衣服，以及安排小朋友聚会吗？

工作职责中你最喜欢的部分是什么？不喜欢做什么？

你愿意和我们一起旅游，待一整晚，或是在我们离开的时候和我们的孩子在一起待几天么？

你同时能够照看几个孩子？你会做什么来鼓励孩子和你建立联结？

对于鼓励孩子们玩耍和探索他们的环境，你有什么看法？

你认为你的家人或亲密的朋友会如何描述你的性格？

对于和一个全职妈妈或是长时间在外工作的职场妈妈一起照顾孩子，你会有什么样的感觉？（根据你自己的情况。）

你如何应对一个挑食的孩子或是拒绝吃饭的孩子？

如果你不同意我在管教、吃饭或者其他事情上的方式，你会怎样处理？

你喜欢更有条理性的日程还是较灵活的日程安排？

你对管教孩子的看法和你应该承担角色应该是什么？

你喜欢什么样的交流方式？

你对于特殊的饮食要求有什么看法（不含麸质，素食，易过敏食物）

对于和一个有自闭症或多动症、有特殊需求的孩子在一起，或是和一个充满活力或有挑战性的孩子在一起，你有什么看法？

你是否愿意照顾一个有特殊药物需求或是易过敏的孩子？

你愿意辅导孩子做家庭作业、一起读书吗？

你通常和孩子们一起玩什么样的游戏和做什么样的活动？

当孩子咬或打其他孩子的时候，你是如何处理的？或者是孩子打你的时候，你如何处理？

当孩子拒绝洗澡或者吃东西的时候你会怎么做？当他发脾气的时候你怎么办？

当孩子对去参加小朋友聚会或者生日聚会感到紧张时，你如何处理？你对孩子如厕训练的方法是什么？

在面试中你不能询问候选者的问题

她的年龄。

她的种族和民族背景。

她的宗教观点。

她的性取向。

她的婚姻状况以及她是否决定要小孩。

她是否有残疾。

她是否曾经被逮捕。

附录 B　正念练习

在第四章中，我介绍了关于正念练习的概念。感谢南希·费希尔·莫蒂费，她提供了相关的信息。莫蒂费是一名正念训练老师和研习会导师，她给成年人以及孩子教授正念已经有三十多年了，并在许多主要的正念学院学习过，包括伊沙兰学院，欧米加学院，霍利霍克静修中心和哈佛大学。她和约翰·基欧一起合著了《儿童正念的力量：父母和老师指南》。

觉察和命名情绪

当我们忙碌的时候我们可能根本没有注意到我们的身体。你可以经常利用一天中几次宝贵的独处时间来练习，不论是在厕所或者在浴缸里。下面是如何利用这些时间来进行练习：

首先，觉察你的呼吸：在你的胸部感受到的呼吸是急促的还是浅的？你的肩膀耸起了吗？你能感觉到你身体任何地方的紧张吗？还是紧张无处不在？

现在深深地呼口气，把你所有的精力都放在腹部上。再一次，觉察你是如何呼吸的，然后问问你自己："我现在感觉怎么样？"

抓住一条毛巾，再做几次深呼吸，然后对着毛巾大喊。

毛巾可以消耗我们许多的能量，没有人会因此而情感受伤。用几分钟的时间对着毛巾大声叫喊可以减少你产生愤怒和挫败感以及之后过度反应的可能性。

给自己一个拥抱

在你早晨起床之前（假设你没有被你的宝宝的哭声吵醒），安静地待一会儿用双臂抱住自己，给自己一个拥抱问候自己，欢迎自己的身体进入新的一天。提醒自己成为你最好的朋友，以及你是一个与你的配偶和孩子有所区别的独立的人。

最简单的正念呼吸练习

选择一个舒服的姿势坐在椅子上、床上或是地板上，轻轻地闭上眼睛，用鼻子呼吸。觉察你呼吸的进出。除了你的呼吸模式你不需要改变任何事情——只要觉察呼吸，吸气，呼气，吸气，呼气。

几次呼吸之后，通过鼻腔吸气，有意识地打开你的喉咙，然后跟着气息进入你的喉咙。气息仍然很容易通过你的鼻腔进出，让你的注意力集中到你的喉咙。按照你自己的节奏继续做几次呼吸。

在下一次吸气时，想象气息顺着你的喉咙流出，然后充满你的胸部。以你自己的速度做几次呼吸。不用着急。

在下一次吸气时，让气息深入到你的上腹部，就在你的肚脐上面。再一次，没有紧张感和压迫力地让气息流动，让你的注意力和意识集中到你的上腹部。当气息填满这个区域或还没有充满时，你会感到更加放松。保持呼吸原本的样子，不需要去做其他任何改变。

在下一次呼吸时，让气息进入并深入到你的腹部。想象一下你的腹部充满了温暖的呼吸，觉察气息是如何自然地充满你的腹部的，然后很自然地从你的鼻腔中呼出。现在，当你不断吸气到腹部时，慢慢地把你的注意力带到你身体尽可能深的地方。除了觉察和持续呼吸，其他什么也不需要做。停留在那里，只要你愿意。

当我注意到我的呼吸变短了，或是我的大脑充满了各种想法或是感觉到焦虑，这个练习就像魔术一样神奇。重要的是记住，这是最自然的呼吸方式，事实上，这是我们的宝宝的呼吸方式，让空气直接进入他们的膈膜。

一起呼吸

当你感到绝望、紧张或是沮丧时，你是否尝试过让孩子安静下来，小憩一会。正念地和孩子的呼吸联结，和他一起呼吸，这可以帮助你和你的宝宝放松，让你们在情感上保持同步。

坐在或者躺在你的孩子的旁边，把你的手放在他的背部或是肚子上，根据他的呼吸节奏轻轻地抚摸。尽管宝宝的呼吸比成人的呼吸更快，试着将你的呼吸和宝宝的呼吸相匹配。有意识地逐渐开始放慢你的呼吸，并开始减缓你的抚摸速度来配合你的呼吸。

这个练习看起来可能会花费很长的时间，特别是当你有其他的事情要去做的时候。要有耐心。你的孩子会开始放慢呼吸来回应你的触摸和呼吸，你放慢的呼吸以及和孩子身体的亲密会让你的心和大脑平静下来。

轻柔的腹式呼吸

让孩子面对面和你坐在一起。双手轻轻地放在你的腹部，通过你的鼻腔慢慢地深呼吸，轻轻地让气息通过你的嘴巴。现在邀请孩子加入你。你可以注意到你的腹部是如何随着每次的呼吸起伏的。记住，孩子的呼吸会比成人更快，所以跟着孩子的节奏呼吸会建立一种联结的感觉。觉察你和孩子轻柔的腹部呼吸是多么地平静。当你们在一起的时候，不管什么时候需要一些平静时光，你都可以进行这个练习。

正念地听

这个练习提高了你和孩子集中注意力和保持注意力的能力。你需要一种乐器，能够发出持续的声音，例如一个三角铁、磬、锣或是铃。

从和孩子面对面坐着开始。向他展示如何把他的手放在他的膝盖上，手掌向上，就像张开的耳朵一样。敲击乐器，把你的手像孩子一样放着，仔细倾听，直到你俩都听不到声音。这时候，你们就可以把手翻过来。

以下的练习适合 2 岁或 2 岁以上的儿童

正念地闻

收集几个小容器或者小瓶子，比如装维生素或者药片的瓶子。将棉球或者纱布浸入各种不同气味的液体中，像醋、香水或精油，把每个棉球放到各自的容器里。你也可以使用其他有香味的东西，像是整块香料（肉桂、丁香）、长青针或是柑橘皮。让你的孩子闭上眼睛，尝试辨别出气味。

正念地吃东西

我们非常关注让孩子吃完一顿饭，以至于我们忘记了吃东西可以成为一种愉悦的感官体验。这种练习可以让你和宝宝建立一种专注而愉悦的吃饭模式。

年龄稍微大一点的孩子不会有窒息的危险，像葡萄干一样大小的食物，像切好的苹果或梨、橘子、小柑橘那样的小块水果或是新鲜的浆果都是练习正念饮食的完美选择。让自己和孩子吃点东西，花点时间享受一下味道，感受水果构造，注意你手中水果的颜色。让你的孩子把水果放到口中，慢慢地开始咀嚼。你也这样做。当你和你的孩子吃完之后，一起讨论水果的气味、味道以及你们的感觉。用尽可能多的形容词来形容水果：甜的，脆的，糊状的，松软的。

附录 C　睡眠挑战

如何让孩子整晚睡得安稳，可能是最让人沮丧、困惑和筋疲力尽的育儿任务了。

睡眠是孩子成长过程中最重要的里程碑。一些流行读物试图使父母相信可以采用一种单一的方式来克服睡眠挑战，例如"费伯入眠法"和"全家人同床"（Family Bed）。困难不在于理论本身，而在于每个孩子都是以自己的节奏和方式发展的，在敏感性方面各有不同。

很多关于创造睡眠规律和训练孩子睡觉的论述，都忽视了睡眠复杂的情感因素、孩子的个性和环境因素。

重要的是理解为什么你的孩子会有睡眠困难。不睡觉可能是宝宝确保母亲在他身边的结果。如果一位母亲在一天当中的大部分时间都离开了孩子（不论是去工作还是其他原因），孩子晚上不睡觉可能是希望获得母亲的全部注意力。

学会入睡，让睡眠持久，在醒来后能继续入睡，这是个习惯问题，如果你注意到孩子的暗示，坏习惯就会被改变。严格的"让他们哭"的睡眠训练方法所存在的问题是他们经常"训练"过小的孩子，并且忽视了不同哭泣的细微差别。

孩子们可能会因为需求、愿望或者绝望而哭泣。父母需要对孩子的不同哭声非常敏感，睡眠习惯的培养通常不要在孩子 6 个月或者 8 个月之前进行，可能有些情况下还要在孩子更大一些再进行。

影响孩子睡眠的因素有很多——疾病，室温，日常生活的变化，情感上的不安，身体上的疼痛（长牙或生病），甚至是过于紧绷的尿布或粗糙的睡衣。基本上，关于睡眠和儿童唯一的一致性就是变化不定。好消息是一旦孩子获得情感上的安全感，一旦等他们度过了长牙期、如厕训练、学会说话和克服运动障碍的时候，他们会成长，然后不会再无法入睡。

与此同时，你可能会发现下面的建议很有用：

• 不要在孩子太小的时候进行睡眠/分离挫折训练。等到孩子至少6个月或8个月大的时候再开始训练睡眠。即使到那时，也要判断孩子的哭声并满足他对抚摸和安慰的需求，直到他足够大可以自己安慰自己。把注意力放在自己的孩子身上，而不是盲目听从书本的建议（或其他善意的建议）。

• 引入小量的挫折。如果两三分钟的哭泣还不能帮助孩子冷静下来，不要折磨他或你自己。去安慰他并使他安心，然后再次离开，再等待几分钟。如果发现孩子还在继续哭，再去看一下他，用你的语言和抚摸来使他安心。提醒他，如果他需要你，你就在他的附近，现在是可以睡觉的。如果他的哭泣持续超过五分钟，那么可能现在对孩子使用这种方法还为时过早。过几周再试一次。随着孩子年龄的增长，你可以延长你在门外等待的时间。幼儿比婴儿更能承受挫折。

• 和你的孩子谈论关于睡眠的问题。和他谈谈夜晚和黑暗是多么平静，休息是多么重要，足够的休息才能够拥有能量去玩。

• 建立一个固定的上床时间，创造一个睡前仪式。包括一个故事，轻音乐，一个特殊的动物玩偶或是毯子，能代表你，或者和你有密切的联系。

• 如果你一整天都不在孩子身边，然后期望在你回家之后，他们在晚上能够很轻松地和你分离，这是不可能的：白天你与孩子联结得越少，晚上他需要更多地与你联结。这就是他和你在一起的时间了。

● 耐心等待。可能一开始，孩子需要花 1 个小时（或者更多时间）去睡觉。

● 即使你做的一切都是对的，让孩子睡觉和使睡眠持久依然很有挑战性。记住睡眠是最终与你的分离，是真正的孤独。如果孩子以一种非常积极的方式依恋你，他怎么会想要和你分开呢？虽然父母需要等待而且可能会有点失眠，但是将来的回报是丰厚和持久的。

● 当你饿的时候不要把孩子放到床上。如果你回家迟了，并且因为没有吃东西感到非常饿或者烦躁不安，吃一份快餐，这样你就会有所需要的能量和耐心了。

● 注意你自己的焦虑情绪。如果你对分离和睡眠感到焦虑，你的孩子也会这样。

● 如果孩子在晚上从他的床上爬下来，来找你，你和你的伴侣必须决定对你的家庭来说分床睡是否合适。让孩子和你们一起睡是没有错的，但是如果目标是让你的孩子在他自己的床上睡觉，那么你需要尽早开始这个过程。和他一起回到他的床上，陪他一起睡，而不是让他养成一种习惯去你的床上。如果想要按照孩子的期望来做决定，那么改掉一个习惯是困难的。

● 当你的孩子开始做噩梦时，马上去陪伴他。他的梦对他来说很真实。让他放心，他是安全的，他的梦不是真实的，即使孩子可能会感觉像真的。解决孩子的恐惧；孩子们会把所有的愤怒和攻击都在黑暗中反映出来。找出他们可能会生气或者害怕的事，并和他们谈这件事。

致　谢

我想要感谢：

辛妮·迈纳与我的合作。她卓越的写作天赋，她的敏锐、耐心、毅力以及对这本书的信心使之成为可能。

我的经纪人简·冯·梅伦，感谢她的热情、照顾和专业的指导。她努力为本书找到了一家非常优秀的出版社 TarcherPerigee.

玛丽安·利齐，我在 TarcherPerigee 的编辑，感谢他对本书的信任，感谢他帮助实现本书的出版。我很感激能有如此出色的团队和支持。

我的研究助理费丝·唐纳森，在过去的两年陪我一起经历了这段写作旅程，当时她在巴纳德大学就读。她的采访记录和研究帮助是非常有用的。

我的姐姐卡伦是精神分析学家、作家和老师，她一直是我的榜样。她在婴儿观察领域的专业知识和技能一直是我灵感的来源。感谢我的姐妹们舍尔和霍莉，她们一直对我这本书的创作给予信心和鼓励。

汤姆·英赛尔，美国国家心理健康研究所（NIMH）前所长，正是在他的支持和引导下，我可以和一些这一领域最伟大的神经学研究者进行接触。

艾伦·斯霍勒博士，她在关系神经生物学领域的研究成果以及对我的指导和建议使本书得以成形。

我的同事和精神分析学家霍普·伊格尔哈特，他的友善、支持，并且以我的名义联络依恋研究机构，这些帮助都是无价的。

盖尔·希伊在很多晚宴上的鼓励以及与我长时间的谈论，帮助塑造了我对女权主义的看法。

感谢艾伦·雅各布斯，感谢她在儿童游戏部分的贡献，感谢她的忠诚和友爱，感谢她在过去 27 年里与我的友好关系。

格拉齐耶拉·普鲁伊蒂，感谢她多年来的友谊，她是我这本书所有相关的法律事务的守护天使。

感谢詹妮弗·杜布鲁尔，感谢她在这本书的撰写过程中所给予的珍贵友谊和支持。

玛丽·坎特维尔，娜塔莉·威廉姆斯，以及曼哈顿花园幼儿园的所有优秀教职员工，感谢你们为我提供了一个如此美妙的工作环境和机会，帮助如此多的父母和孩子。

丽萨·卡瓦和朱迪·考夫曼，我在"保姆谁知道"里的同事，他们在代理照料领域的专业知识让我对儿童的抚养有了很大的了解。

感谢雷切尔·布卢门撒把我拉进了板球圈的社会团体。

珍·华娜为我创建了一个漂亮的网站，帮助我开发了我的社交媒体平台。

所有的这些研究学者都慷慨地和我分享他们的想法：丹·希尔，朱迪·麦斯曼，米利亚姆和霍华德·斯蒂尔，瑞吉娜·沙里文，詹姆士·里林，特雷西·贝尔，查尔斯·纳尔逊，史蒂夫·科尔，托马斯·麦金纳尼，兰迪·科恩-吉尔伯特，南希·弗希尔，玛丽·尼克尔斯，尼姆·托特纳姆，乔·洛伊佐，杰·贝尔斯基，玛丽·戈登，安德鲁·加纳以及拉里·杨。

感谢所有向我讲述他们感受和经历的母亲、父亲以及年轻的女性和男性。

我想感谢约翰·鲍比，玛格丽特·马勒，比阿特丽斯·毕比，埃德·特洛尼克，玛丽·安斯沃斯，玛丽·梅因，丹·西格尔，和丹·斯特恩对于依恋和关系神经生物学这一领域杰出的贡献。

我要感谢我在阿斯彭研究所的朋友——沃尔特·艾萨克森，皮特·赖林，汤姆·洛佩尔，比尔·梅尔和克丽丝蒂·奥里斯——感谢他们在这个非常重要的话题上向我提供了非常重要的机会去接触他们的团队。特别要感谢我在阿斯彭研究所亲爱的朋友埃里克·莫特利，他的友谊和鼓励就是我写作过程中的灯塔，给予我方向和力量。

最重要的是我要感谢上帝给予我力量、耐心和智慧帮助处于痛苦中的我的病人们。感谢我的老师，亚米利·赫西，提醒我生命中的精神信念的重要性，在帮助我的病人时这也成为希望的源泉。

参考文献

引 言

1 Division of Human Development and Disability, "Attention-Deficit/ Hyper-activity Disorder (ADHD)," National Center on Birth Defects and Developmental Disabilities, Centers for Disease Control and Prevention, updated May 4, 2016, cdc. gov/ncbddd/adhd/data. html.

2 Laura A. Pratt, Debra J. Brody, and Qiuping Gu, "Antidepressant Use in Persons Aged 12 and Over: United States, 2005-2008," National Center for Health Statistics Data Brief No. 76, October 2011, Centers for Disease Control and Prevention, cdc. gov/nchs/data/databriefs/db76. htm.

3 National Association of Anorexia Nervosa and Associated Disorders, "Eating Disorder Statistics," anad. org/get-information/about-eating-disorders/eating-disorders-statistics/.

4 Eating Disorder Hope, "Statistics on Eating Disorders: Anorexia, Bulimia, Binge Eating," eatingdisorderhope. com/information/statistics-studies. Yafu Zhao and William Encinosa, "Hospitalizations for Eating Disorders from 1999 to 2006," Statistical Brief 70, April 2009, Agency for Healthcare Research and Quality, hcup-us. ahrq. gov/reports/statbriefs/sb70. jsp

5 National Center for Injury Prevention and Control, Division of Violence Prevention "Youth Violence," Centers for Disease Control and Prevention, 2012, cdc. gov/violenceprevention/pdf/yv-datasheet-a. pdf.

6 Jodi Kantor and Jessica Silver-Greenberg, "Wall Street Mothers, Stay-Home Fathers," *New York Times*, December 7, 2013, nytimes. com/2013/12/08/us/wall-street-mothers-stay-home-fathers. html.

第一章 更多的付出，更多的回报

1 Jim Dryden, "Nurturing during Preschool Years Boosts Child's Brain Growth," Washington University School of Medicine, St. Louis, April 25, 2016,

medicine. wustl. edu/news/nurturing-preschool-years-boosts-childs-brain-growth.

2   Stanford University Medical Center, "Mom's Voice Activates Many Different Regions in Children's Brains, Study Shows," *Science Daily*, May 16, 2016, sciencedaily. com/releases/2016/05/160516181017. htm.

3   Paul Sullivan, "Investing in an Emotional Trust Fund for Your Children," *New York Times*, June 24, 2016, nytimes. com/2016/06/25/your-money/investing-in-an-emotional-trust-fund-for-your-children. html.

第二章　揭穿关于现代母亲的谬论：做更好的选择

1   Donald Woods Winnicott, "The Theory of the Parent-Infant Relationship," *International Journal of Psycho-Analysis* 41 (December 1960): 585-95.

2   Jennifer Kunst, "In Search of the 'Good Enough' Mother" [blog post], *Psychology Today*, May 9, 2012, psychologytoday. com/blog/headshrinkers-guide-the-galaxy/201205/in-search-the-good-enough-mother.

3   Anna Freud and Dorothy Burlingham, *Infants without Families; the Case for and against Residential Nurseries*, 2nd ed. (New York: Medical War Books, International University Press, 1947).

4   Jay Belsky and David Eggebeen, "Early and Extensive Maternal Employment and Young Children's Socioemotional Development: Children of the National Longitudinal Survey of Youth," *Journal of Marriage and Family* 53, no. 4 (1991): 1083-98.

5   Pulsus Group, "Maternal Depression and Child Development," *Pediatrics & Child Health* 9, no. 8 (2004): 575-83.

6   Beatrice Beebe, Joseph Jaffe, Sara Markese, et al., "The Origins of 12-Month Attachment: A Microanalysis of 4-Month Mother-Infant Interaction," *Attachment & Human Development* 12, nos. 1-2 (2010): 3-141.

7   Daniel N. Stern, *The First Relationship: Infant and Mother* (Cambridge, UK: Harvard University Press, 2004).

8   Konrad Lorenz, *The Year of the Greylag Goose* (London: Erye Methuen, 1979).

9   Melanie Klein, "Mourning and Its Relation to Manic-Depressive States," *Inter-*

national Journal of Psycho-Analysis 21 (1940): 125.

10   John Bowlby, *Separation: Anxiety and Anger*, vol. 2 (New York: Basic Books, 1976).

11   James Robertson and Joyce Robertson, "Young Children in Brief Separation: A Fresh Look," *Psychoanalytic Study of the Child* 26 (1971): 264-315.

12   Bernard Guyer, Mary Anne Freedman, Donna M. Strobino, and Edward J. Sondik, "Annual Summary of Vital Statistics: Trends in the Health of Americans During the 20th Century," *Pediatrics* 106, no. 6 (2000): 1307-17.

13   P. Levitt, "Structural and Functional Maturation of the Developing Primate Brain," *Journal of Pediatrics* 143, no. 4 (October 2003): S35-S45.

14   Allan N. Schore, "The Experience-Dependent Maturation of a Regulatory System in the Orbital Prefrontal Cortex and the Origin of Developmental Psychopathology," *Development and Psychopathology* 8, no. 1 (December 1996): 59-87.

15   John P. Trougakos, Ivona Hideg, Bonnie Hayden Cheng, and Daniel J. Beal, "Lunch Breaks Unpacked: The Role of Autonomy as a Moderator of Recovery During Lunch," *Academy of Management Journal* 57, no. 2 (April 2014): 405-21.

16   Frank Bruni, "The Myth of Quality Time," *New York Times*, September 5, 2015, nytimes. com/2015/09/06/opinion/sunday/frank-bruni-the-myth-of-quality-time. html.

17   Ibid.

18   D'Vera Cohn, Gretchen Livingston, and Wendy Wang, "How Do Mothers Spend Their Time at Home?," in *After Decades of Decline, A Rise in Stay-at-Home Mothers*, Pew Research Center Social & Demographic Trends, April 8, 2014, pewsocialtrends. org/2014/04/08/chapter-3-how-do-mothers-spend-their-time-at-home.

19   World Health Organization, "Breastfeeding," who. int/topics/breastfeeding/en.

20   Susan B. Neuman, Tanya Kaefer, Ashley Pinkham, and Gabrielle Strouse, "Can Babies Learn to Read? A Randomized Trial of Baby Media," *Journal of*

Educational Psychology 106, no. 3 (2014): 815-30.

21   Esther Bick, "The Experience of the Skin in Early Object-Relations," *International Journal of Psychoanalysis* 49, no. 2-3 (1968): 484-86.

22   Holly Dunsworth and Leah Eccleston, "The Evolution of Difficult Childbirth and Helpless Hominin Infants," *Annual Review of Anthropology* 44 (2015): 55-69. Heinz F. R. Prechtl, "New Perspectives in Early Human Development," *European Journal of Obstetrics & Gynecology and Reproductive Biology* 21, nos. 5-6 (1986): 347-55.

23   Ruth Feldman, Magi Singer, and Orna Zagoory, "Touch Attenuates Infants' Physiological Reactivity to Stress," *Developmental Science* 13, no. 2 (March 1, 2010): 271-78.

24   Stephen Suomi, "Touch and the Immune System in Rhesus Monkeys," in *Touch in Early Development*, ed. Tiffany Field (Hillsdale, NJ: Lawrence Eribaum Assoc., 1995): 67-79. Stephen Suomi, "Mother-Infant Attachment, Peer Relationships, and the Development of Social Networks in Rhesus Monkeys," *Human Development* 48, no. 1-2 (2005): 67-79.

25   D. Francis, J. Diorio, D. Liu, and M. J. Meaney, "Nongenomic Transmission across Generations of Maternal Behavior and Stress Responses in the Rat," *Science* 286, no. 5442 (November 1999): 1155-58.

26   "Dr. Allan Schore on Early Relationships & Lifelong Health" [interview], Let's Grow Kids, letsgrowkids. org/blog/dr-allan-schore-early-relationships-lifelong-health.

27   Grazyna Kochanska, Lea J. Boldt, Sanghag Kim, et al. "Developmental Interplay between Children's Biobehavioral Risk and the Parenting Environment from Toddler to Early School Age: Prediction of Socialization Outcomes in Preadolescence," *Development and Psychopathology* 27, no. 3 (August 2015): 775-90.

第三章　母亲的陪伴意味着什么？

1   Earl K. Miller and T. J. Buschman, "Neural Mechanisms for the Executive Control of Attention," in *The Oxford Handbook of Attention*, ed. K. Nobre and S. Kastner (Oxford: Oxford University Press, 2014). Earl K. Miller and T. J.

Buschman, "Cortical Circuits for the Control of Attention," *Current Opinion in Neurobiology* 23 (2013): 216-22. Robert Desimone, Earl K. Miller, and Leonardo Chelazzi, "The Interaction of Neural Systems for Attention and Memory," in *Large-Scale Theories of the Brain*, ed. Christof Koch and Joel L. Davis (Cambridge: MIT Press, 1994).

2   Beatrice Beebe and Miriam Steele. "How Does Microanalysis of Mother-Infant Communication Inform Maternal Sensitivity and Infant Attachment?" *Attachment & Human Development* 15, no. 5-6 (November 2013): 583-602.

3   Howard Steele, "Day Care and Attachment Re-Visited," *Attachment & Human Development* 10, no. 3 (September 2008): 223-23.

4   Myron A. Hofer, "Psychobiological Roots of Early Attachment," *Current Directions in Psychological Science* 15, no. 2 (April 2006): 84-88.

5   Thomas R. Insel, "A Neurobiological Basis of Social Attachment," *American Journal of Psychiatry* 154, no. 6 (June 1997): 726-35.

6   Thomas R. Insel, Larry Young, and Zuoxin Wang, "Central Oxytocin and Reproductive Behaviours," *Reviews of Reproduction* 2, no. 1 (January 1997): 28-37.

7   Insel, "A Neurobiological Basis of Social Attachment."

8   James K. Rilling and Larry J. Young, "The Biology of Mammalian Parenting and Its Effect on Offspring Social Development," *Science* 345, no. 6198 (August 2014): 771-76.

9   Thomas R. Insel and Lawrence E. Shapiro, "Oxytocin Receptor Distribution Reflects Social Organization in Monogamous and Polygamous Voles," *Proceedings of the National Academy of Sciences of the United States of America* 89, no. 13 (July 1992): 5981-85.

10   James K. Rilling, "The Neural and Hormonal Bases of Human Parental Care," *Neuropsychologia* 51, no. 4 (March 2013): 731- 47.

11   James K. Rilling, Ashley C. Demarco, Patrick D. Hackett, et al., "Sex Differences in the Neural and Behavioral Response to Intranasal Oxytocin and Vasopressin During Human Social Interaction," *Psychoneuroendocrinology* 39

(January 2014): 237- 48.

12　Omri Weisman, Orna Zagoory-Sharon, and Ruth Feldman, "Oxytocin Admin-istration, Salivary Testosterone, and Father-Infant Social Behavior," *Progress in Neuro-Psychopharmacology and Biological Psychiatry* 49 (March 2014): 47-52.

13　Tracy L. Bale, "Sex Differences in Prenatal Epigenetic Programing of Stress Pathways," *Stress* 14, no. 4 (July 2011): 348-56.

14　Jim Dryden, "Nurturing during Preschool Years Boosts Child's Brain Growth" [news release], Washington University School of Medicine in St. Louis, April 25, 2016, medicine. wustl. edu/news/nurturing-preschool-years-boosts-childs-brain-growth.

15　Nim Tottenham, "The Importance of Early Experiences for Neuro-Affective Development," *Current Topics in Behavioral Neurosciences* 16 (2014): 109-29.

16　Allan N. Schore, "Effects of a Secure Attachment Relationship on Right Brain Development, Affect Regulation, and Infant Mental Health," *Infant Mental Health Journal* 22, nos. 1-2 (2001): 7-66.

17　James F. Leckman and John S. March, "Developmental Neuroscience Comes of Age" [editorial], *Journal of Child Psychology and Psychiatry* 52, no. 4 (April 2011): 333-38.

18　Andrew S. Garner, Jack P. Shonkoff, and the Committee on Psychosocial As-pects of Child and Family Health, Committee on Early Childhood, Adoption, and Dependent Care, Section on Developmental and Behavioral Pediatrics. "The Lifelong Effects of Early Childhood Adversity and Toxic Stress." *Pediatrics* 129, no. 1 (2012): e232-46.

19　Ibid.

20　Nim Tottenham and Margaret A. Sheridan, "A Review of Adversity, the Amygdala and the Hippocampus: A Consideration of Developmental Timing," *Frontiers in Human Neuroscience* 3, no. 68 (January 2010), doi: 10. 3389/neuro. 09. 068. 2009.

21 Thomas R. Insel, James T. Winslow, Zuoxin Wang, and Larry J. Young, "Oxytocin, Vasopressin, and the Neuroendocrine Basis of Pair Bond Formation," in *Vasopressin and Oxytocin*, ed. Hans H. Zingg, Charles W. Bourque, and Daniel G. Bichet, *Advances in Experimental Medicine and Biology* 449 (New York: Springer, 1998), link. springer. com/chapter/10. 1007/978-1-4615-4871-3_ 28.

22 Michael Numan and Thomas R. Insel, *The Neurobiology of Parental Behavior* (New York: Springer, 2003).

23 Leckman and March, "Developmental Neuroscience Comes of Age."

24 Edith Chen, Gregory E. Miller, Michael S. Kobor, and Steve W. Cole, "Maternal Warmth Buffers the Effects of Low Early-Life Socioeconomic Status on Pro-Inflammatory Signaling in Adulthood," *Molecular Psychiatry* 16, no. 7 (July 2011): 729-37.

25 Grazyna Kochanska, Robert A. Philibert, and Robin A. Barry, "Interplay of Genes and Early Mother-Child Relationship in the Development of Self-Regulation from Toddler to Preschool Age," *Journal of Child Psychology and Psychiatry, and Allied Disciplines* 50, no. 11 (November 2009): 1331-38.

26 Bruno Bettelheim, *The Empty Fortress: Infantile Autism and the Birth of the Self* (New York: Free Press, 1972).

27 Jennifer M. Cernoch and Richard H. Porter, "Recognition of Maternal Axillary Odors by Infants," *Child Development* 56, no. 6 (1985): 1593-98.

28 Karen Rosenberg and Wenda Trevathan, "Bipedalism and Human Birth: The Obstetrical Dilemma Revisited," *Evolutionary Anthropology: Issues, News, and Reviews* 4, no. 5 (1995): 161-68.

29 Silva M. Bell and Mary D. Salter Ainsworth, "Infant Crying and Maternal Responsiveness," *Child Development* 43, no. 4 (December 1972): 1171-90.

30 Donald Woods Winnicott, "The Theory of the Parent-Infant Relationship," *International Journal of Psycho-Analysis* 41 (December 1960): 585-95.

31 The Commission on Children at Risk, Hardwired to Connect: *The New Scientific Case for Authoritative Communities* (New York: Broadway, 2003).

32 Suniya S. Luthar and Shawn J. Latendresse, "Children of the Affluent." *Current Directions in Psychological Science* 14, no. 1 (February 2005): 49-53.

33 Allan N. Schore, "Attachment and the Regulation of the Right Brain," *Attachment & Human Development* 2 (April 2000): 23-47, allanschore. com/pdf/SchoreAttachHumDev. pdf. Schore, "Effects of a Secure Attachment Relationship on Right Brain Development." Schore, "The Right Brain Is Dominant in Psychotherapy," *Psychotherapy* 51, no. 3 (September 2014): 388-97.

34 John Bowlby, *Attachment and Loss, Vol. I: Attachment* (New York: Basic Books, 1969). Bowlby, *Attachment and Loss, Vol. II: Separation* (New York: Basic Books, 1973).

35 Bowlby, *Attachment and Loss*, vols. I and II.

36 Peter Fonagy, György. Gergely, Elliot Jurist, and Mary Target, *Affect Regulation, Mentalization, and the Development of Self* (New York: Other Press, 2005). Allan N. Schore, *Affect Regulation and the Origin of the Self: The Neurobiology of Emotional Development* (Hillsdale, NJ: Lawrence Erlbaum, 1994).

37 Bowlby, *Attachment and Loss*, vol. I. Inge Bretherton and Kristine A. Munholland, "Internal Working Models in Attachment Relationships: Elaborating a Central Construct in Attachment Theory," in *Handbook of Attachment: Theory, Research, and Clinical Applications*, 2nd ed., ed. J. Cassidy and P. R. Shaver (New York: Guilford, 2008).

38 Margaret S. Mahler, "Rapprochement Subphase of the Separation-Individuation Process," *Psychoanalytic Quarterly* 41, no. 4 (October 1972): 487-506.

39 Jay Belsky and Michael J. Rovine, "Nonmaternal Care in the First Year of Life and the Security of Infant-Parent Attachment," *Child Development* 59, no. 1 (1988): 157-67.

40 Mary D. Salter Ainsworth, Mary C. Blehar, Everett Waters, and Sally N. Wall, *Patterns of Attachment: A Psychological Study of the Strange Situation* (New York: Psychology Press, 2015).

41 Beatrice Beebe and Frank M. Lachmann, *The Origins of Attachment: Infant Research and Adult Treatment* (London: Routledge, 2014).

42 Salter Ainsworth, et al., *Patterns of Attachment*.

43 Peter Fonagy and Mary Target, "Attachment and Reflective Function: Their Role in Self-Organization," *Development and Psychopathology* 9 (1997): 679-700.

44 Kathy Brous, "The Adult Attachment Interview (AAI): Mary Main in a Strange Situation," *Attachment Disorder Healing*, March 21, 2014, attach-mentdisorderhealing. com/adult-attachment-interview-aai-mary-main.

45 Mary E. Connors, "The Renunciation of Love: Dismissive Attachment and Its Treatment," *Psychoanalytic Psychology* 14, no. 4 (1997): 475-93.

46 Allan N. Schore, "Advances in Neuropsychoanalysis, Attachment Theory, and Trauma Research: Implications for Self Psychology," *Psychoanalytic Inquiry* 22 (2002): 433-84.

47 Donald Woods Winnicott, *The Maturational Processes and the Facilitating Environment: Studies in the Theory of Emotional Development* (London: The Hogarth Press and the Institute of Psychoanalysis, 1965).

48 Bowlby, *Attachment and Loss*, vol. I. John Bowlby, *A Secure Base: Parent-Child Attachment and Healthy Human Development* (London: Routledge, 1988).

第四章　陪伴：在场，关注并满足孩子的需求

1 Joe Loizzo, Robert A. F. Thurman, and Daniel J. Siegel, *Sustainable Happiness: The Mind Science of Well-Being, Altruism, and Inspiration* (New York: Routledge, 2012).

2 Ram Dass, *Journey of Awakening: A Meditator's Guidebook*, ed. Daniel Goleman, Dwarkanath Bonner, and Dale Borglum (New York: Bantam, 1990).

3 Chen Yu and Linda B. Smith, "The Social Origins of Sustained Attention in One-Year-Old Human Infants," *Current Biology* 26, no. 9 (2016): 1235-40.

4 James J. Newham, Anja Wittkowski, Janine Hurley, et al., "Effects of Antenatal Yoga on Maternal Anxiety and Depression: A Randomized Controlled Trial," *Depression and Anxiety* 31, no. 8 (April 2014): 631-40.

5 Victoria J. Bourne and Brenda K. Todd, "When Left Means Right: An Explanation of the Left Cradling Bias in Terms of Right Hemisphere Specializations," *Developmental Science* 7, no. 1 (February 2004): 19-24.

6   Nim Tottenham, "Human Amygdala Development in the Absence of Species-Ex-
      pected Caregiving," *Developmental Psychobiology* 54, no. 6 (September 2012):
      598-611. Nim Tottenham. "The Importance of Early Experiences for Neuro-Af-
      fective Development." *Current Topics in Behavioral Neurosciences* 16 (2014):
      109-29.

7   Judi Mesman, Marinus van IJzendoorn, Kazuko Behrens, et al. , "Is the Ideal
      Mother a Sensitive Mother? Beliefs about Early Childhood Parenting in Mothers
      across the Globe," *International Journal of Behavioral Development* 40, no. 5
      (September 2016): 385-97.

8   Sunaina Seth, Andrew J. Lewis, and Megan Galbally, "Perinatal Maternal Depres-
      sion and Cortisol Function in Pregnancy and the Postpartum Period: A Systematic
      Literature Review," *BMC Pregnancy Childbirth* 16, no. 1 (2016): 124-43.

9   Brenda L. Volling, Nancy L. McElwain, Paul C. Notaro, and Carla Herrera,
      "Parents' Emotional Availability and Infant Emotional Competence: Predictors
      of Parent-Infant Attachment and Emerging Self-Regulation," *Journal of Family
      Psychology* 16, no. 4 (2002): 447-65.

10   Daniel Hill, *Affect Regulation Theory: A Clinical Model* (New York: W. W.
      Norton, 2015).

11   Margaret S. Mahler, Fred Pine, and Anni Bergman, *The Psychological Birth of the
      Human Infant Symbiosis and Individuation* (New York: Basic Books, 2000).

12   Ibid.

13   Mary D. Ainsworth, *Infancy in Uganda: Infant Care and the Growth of Love*
      (Baltimore, MD: Johns Hopkins University Press, 1967).

14   Judi Mesman, et al. , "Is the Ideal Mother a Sensitive Mother?" Rosanneke,
      A. G. Emmen, Maike Malda, et al. , "Sensitive Parenting as a Cross-Cultural
      Ideal: Sensitivity Beliefs of Dutch, Moroccan, and Turkish Mothers in the
      Netherlands," *Attachment & Human Development* 14, no. 6 (2012): 601-19.

15   Elizabeth Higley and Mary Dozier, "Nighttime Maternal Responsiveness and
      Infant Attachment at One Year," *Attachment & Human Development* 11, no. 4
      (July 2009): 347-63.

16   David Waynforth, "The Influence of Parent-Infant Cosleeping, Nursing, and

Childcare on Cortisol and SIgA Immunity in a Sample of British Children," *Developmental Psychobiology* 49, no. 6 (2007): 640-48.

17　Roseriet Beijers, J. Marianne Riksen-Walraven, and Carolina de Weerth, "Cortisol Regulation in 12-Month-Old Human Infants: Associations with the Infants' Early History of Breastfeeding and Co-Sleeping," *Stress* 16, no. 3 (2013): 267-77. Alan R. Wiesenfeld, Carol Zander Malatesta, Patricia B. Whitman, et al., "Psychophysiological Response of Breast-and Bottle-Feeding Mothers to Their Infants' Signals," *Psychophysiology* 22, no. 1 (1985): 79-86.

第五章　做得更好：强化和修复母亲与孩子的联结

1　Edward Tronick, *The Neurobehavioral and Social-Emotional Development of Infants and Children* (New York: Norton, 2007).

2　Jeffrey F. Cohn and Edward Z. Tronick, "Three-Month-Old Infants' Reaction to Simulated Maternal Depression," *Child Development* 54, no. 1 (February 1983): 185-93. Edward Tronick, Heidelise Als, Lauren Adamson, et al., "The Infant's Response to Entrapment between Contradictory Messages in Face-to-Face Interaction," *Journal of the American Academy of Child Psychiatry* 17, no. 1 (1978): 1-13.

3　Mary D. Salter Ainsworth and Silvia M. Bell, "Attachment, Exploration, and Separation: Illustrated by the Behavior of One-Year-Olds in a Strange Situation," *Child Development* 41, no. 1 (1970): 49-67. Mary D. Salter Ainsworth, Mary C. Blehar, Everett Waters, and Sally N. Wall, *Patterns of Attachment: A Psychological Study of the Strange Situation.* (New York: Psychology Press, 2015).

4　Suniya S. Luthar and Shawn J. Latendresse, "Children of the Affluent," *Current Directions in Psychological Science* 14, no. 1 (February 2005): 49-53.

5　Elizabeth Higley and Mary Dozier, "Nighttime Maternal Responsiveness and Infant Attachment at One Year," *Attachment & Human Development* 11, no. 4 (July 2009): 347-63.

6　Ora Aviezer, Abraham Sagi, Tirtsa Joels, and Yair Ziv, "Emotional Availability and Attachment Representations in Kibbutz Infants and Their Mothers," *Developmental Psychology* 35, no. 3 (1999): 811-21.

第六章 当你不能陪伴孩子时：替代照料的利与弊

1　Susan W. Coates, "John Bowlby and Margaret S. Mahler: Their Lives and Theories," *Journal of the American Psychoanalytic Association* 52, no. 2 (2004): 571-601.

2　Alyssa Pozniak, Katherine Wen, Krista Olson, et al., "Family and Medical Leave in 2012: Detailed Results Appendix," Abt Associates, September 6, 2012, rev. April 18, 2014, dol. gov/asp/evaluation/fmla/FMLA-Detailed-Results-Appendix. pdf. Emily Peck, "One-Quarter of Mothers Return to Work Less Than 2 Weeks After Giving Birth, Report Finds," *Huffington Post*, updated August 19, 2015, huffingtonpost. com/entry/nearly-1-in-4-new-mothers-return-to-work-less-than-2-weeks-after-giving-birth_ us_ 55d308aae4b0ab468d9e3e37.

3　Jennifer S. Mascaro, Patrick D. Hackett, and James K. Rilling, "Testicular Volume Is Inversely Correlated with Nurturing-Related Brain Activity in Human Fathers," *Proceedings of the National Academy of Sciences of the United States of America* 110, no. 39 (September 2013): 15746-51.

4　Ruth Feldman, Ilanit Gordon, Inna Schneiderman, et al., "Natural Variations in Maternal and Paternal Care Are Associated with Systematic Changes in Oxytocin following Parent-Infant Contact," *Psychoneuroendocrinology* 35, no. 8 (September 2010): 1133-41.

5　"Buzzing Flies More Likely to Wake Men Than Crying Babies: Study," *The Telegraph*, November 29, 2009, telegraph. co. uk/news/newstopics/howabout that/ 6684362/Buzzing-flies-more-likely-to-wake-men-than-crying-babies-study. html.

6　Ibid.

7　Jonathan Cohn, "The Hell of American Daycare," *New Republic*, April 15, 2015, newrepublic. com/article/112892/hell-american-day-care.

8　Community Child Care Council of Santa Clara County, "Regulation and Licensing of Child Care Programs in California," d3n8a8pro7vhmx. cloudfront. net/ rrnetwork/pages/78/attachments/original/1451607399/CA _Licensing_Regulations_Compare. pdf? 1451607399.

9　Ohio Department of Jobs and Family Services, "Required Staff/Child Ratios for

Child Care Centers," March 2006, odjfs. state. oh. us/forms/file. asp? id = 245&type = application/pdf.

10 Alan Stein, Lars-Erik Malmberg, Penelope Leach, et al. , "The Influence of Different Forms of Early Childcare on Children's Emotional and Behavioural Development at School Entry," *Child*: *Care*, *Health and Development* 39, no. 5 (September 2013): 676-87.

11 National Resource Center for Health and Safety in Child Care and Early Education, "Staffing: Ratios for Small Family Child Care Homes," August 18, 2016, cfoc. nrckids. org/StandardView/1. 1. 1.

第七章 陪伴缺失的代价

1 Marinus H. van IJzendoorn, Carlo Schuengel, and Marian J. Bakermans-Kranenburg, "Disorganized Attachment in Early Childhood: Meta-Analysis of Precursors, Concomitants, and Sequelae," *Development and Psychopathology* 11, no. 2 (1999): 225-50. Geert-Jan J. M. Stams, Femmie Juffer, and Marinus H. van IJzendoorn, "Maternal Sensitivity, Infant Attachment, and Temperament in Early Childhood Predict Adjustment in Middle Childhood: The Case of Adopted Children and Their Biologically Unrelated Parents," *Developmental Psychology* 38, no. 5 (2002): 806.

2 "Understanding the Stress Response," Harvard Health Publications, updated March 18, 2016, health. harvard. edu/staying-healthy/understanding-the-stress-response. Michael Randall, "The Physiology of Stress: Cortisol and the Hypothalamic-Pituitary-Adrenal Axis," *Dartmouth Undergraduate Journal of Science*, February 3, 2011, dujs . dartmouth. edu/2011/02/the-physiology-of-stress-cortisol-and-the-hypothalamic-pituitary-adrenal-axis.

3 Megan R. Gunnar, Erin Kryzer, Mark J. Van Ryzin, and Deborah A. Phillips, "The Rise in Cortisol in Family Daycare: Associations with Aspects of Care Quality, Child Behavior, and Child Sex," *Child Development* 81, no. 3 (2010): 851-69.

4 Emma C. Sarro, Donald A. Wilson, and Regina M. Sullivan, "Maternal Regulation of Infant Brain State," *Current Biology* 24, no. 14 (July 2014): 1664-69. Regina M. Sullivan, "The Neurobiology of Attachment to Nurturing and

Abusive Caregivers," *Hastings Law Journal* 63, no. 6 (August 2012): 1553-70. G. Barr, S. Moriceau, K. Shionoya, et al., "Transitions in Infant Attachment during a Sensitive Period Is Modulated by Dopamine in the Amygdala," *Nature Neuroscience* 12 (2009): 1367-69. S. Moriceau and Regina M. Sullivan, "Maternal Presence Serves to Switch between Attraction and Fear in Infancy," *Nature Neuroscience* 9 (2006): 1004-06. K. Shionoya, S. Moriceau, P. Bradstock, and Regina M. Sullivan. "Maternal Attenuation of Hypothalamic Paraventricular Nucleus Norepinephrine Switches Avoidance Learning to Preference Learning in Preweanling Rat Pups," *Hormones & Behavior* 52 (2007): 391-400.

5   Michael D. De Bellis, "The Psychobiology of Neglect," *Child Maltreatment* 10, no. 2 (2005): 150-72.

6   Child Mind Institute, "2016 Children's Mental Health Report," childmind. org/report/2016-childrens-mental-health-report.

7   Shaozheng Qin, Christina B. Young, Xujun Duan, et al., "Amygdala Subregional Structure and Intrinsic Functional Connectivity Predicts Individual Differences in Anxiety during Early Childhood," *Biological Psychiatry* 75, no. 11 (2014): 892-900.

8   Mark W. Gilbertson, Martha E. Shenton, Aleksandra Ciszewski, et al., "Smaller Hippocampal Volume Predicts Pathologic Vulnerability to Psychological Trauma," *Nature Neuroscience* 5, no. 11 (2002): 1242-47. Rajendra A. Morey, Andrea L. Gold, Kevin S. LaBar, et al., "Amygdala Volume Changes in Posttraumatic Stress Disorder in a Large Case-Controlled Veterans Group," *Archives of General Psychiatry* 69, no. 11 (2012): 1169-78. Mark A. Rogers, Hidenori Yamasue, Osamu Abe, et al., "Smaller Amygdala Volume and Reduced Anterior Cingulate Gray Matter Density Associated with History of Post-Traumatic Stress Disorder," *Psychiatry Research: Neuroimaging* 174, no. 3 (2009): 210-16.

9   Centers for Disease Control and Prevention, "Attention-Deficit/Hyperactivity Disorder (ADHD)," updated May 4, 2016, cdc. gov/ncbddd/adhd/ data. html.

10   Marilyn Wedge, "Why French Kids Don't Have ADHD," *Psychology Today*, March 8, 2012, psychologytoday. com/blog/suffer-the-children/201203/why-

french-kids-dont-have-adhd.

11　National Institute of Mental Health, "Prescribed Stimulant Use for ADHD Continues to Rise Steadily," September 28, 2011, nimh. nih. gov/ news/science-news/2011/prescribed-stimulant-use-for-adhd-continues-to-rise-steadily. shtml.

12　Child Mind Institute, "2016 Children's Mental Health Report. "

13　Deborah Lowe Vandell and Mary Anne Corasaniti, "Variations in Early Child Care: Do They Predict Subsequent Social, Emotional, and Cognitive Differences?," *Early Childhood Research Quarterly* 5, no. 4 (1990): 555-72. John E. Bates, Denny Marvinney, Timothy Kelly, et al. , "Child-Care History and Kindergarten Adjustment," *Developmental Psychology* 30, no. 5 (1994): 690-700. Neal W. Finkelstein, "Aggression: Is It Stimulated by Day Care?," *Young Children* 37 (August 1982): 3-9. Jay Belsky, "Developmental Risks Associated with Infant Day Care: Attachment Insecurity, Noncompliance, and Aggression?," in *Psychosocial Issues in Day Care*, Shahla Chebbrazi, ed. (Washington, DC: American Psychiatric Press, 1990): 37-68. Jay Belsky, "Early Day Care and Infant-Mother Attachment Security," *Encyclopedia on Early Childhood Development*, updated May 2012, child-encyclopedia. com/attachment/according-experts/early-day-care-and-infant-mother-attachment-security.

14　Maurizio Pompili, Iginia Mancinelli, Paolo Girardi, et al. , "Childhood Suicide: A Major Issue in Pediatric Health Care," *Issues in Comprehensive Pediatric Nursing* 28 (1): 63-68.

15　John Bowlby, "Grief and Mourning in Infancy and Early Childhood," *Psychoanalytic Study of the Child* 15, no. 1 (1960): 9-52.

16　Meera E. Modi and Larry J. Young, "The Oxytocin System in Drug Discovery for Autism: Animal Models and Novel Therapeutic Strategies," *Hormones and Behavior* 61, no. 3 (March 2012): 340-50.

17　Masaya Tachibana, Kuriko Kagitani-Shimono, Ikuko Mohri, et al. , "Long-Term Administration of Intranasal Oxytocin Is a Safe and Promising Therapy for Early Adolescent Boys with Autism Spectrum Disorders," *Journal of Child and Adolescent Psychopharmacology* 23, no. 2 (2013): 123-27.

18 Charles A. Nelson, Nathan A. Fox, and Charles H. Zeanah, *Romania's A-bandoned Children: Deprivation, Brain Development, and the Struggle for Recovery* (Cambridge: Harvard University Press, 2014).

19 Darlene Francis, Josie Diorio, Dong Liu, and Michael J. Meaney, "Nongenomic Transmission across Generations of Maternal Behavior and Stress Responses in the Rat," *Science* 286, no. 5442 (1999): 1155-58.

20 John Bowlby, *Attachment and Loss*, *Vol. II: Separation* (New York: Basic Books, 1973). Mark H. Bickhard, "Scaffolding and Self Scaffolding: Central Aspects of Development," *Chz'ldreri'sd* U 610 (2013): 33-52.

21 Constance Hammen, Julienne E. Bower, and Steven W. Cole, "Oxytocin Receptor Gene Variation and Differential Susceptibility to Family Environment in Predicting Youth Borderline Symptoms," *Journal of Personality Disorders* 29, no. 2 (2015): 177-92.

22 Kathleen Ries Merikangas, Jian-ping He, Marcy Burstein, et al., "Lifetime Prevalence of Mental Disorders in US Adolescents: Results from the National Comorbidity Survey Replication-Adolescent Supplement (NCS-A)," *Journal of the American Academy of Child & Adolescent Psychiatry* 49, no. 10 (2010): 980-89.

23 The Renfrew Center Foundation for Eating Disorders, "Eating Disorders 101 Guide: A Summary of Issues," *Statistics and Resources*, 2003.

24 The National Center on Addiction and Substance Abuse, "National Study Reveals: Teen Substance Use America's #1 Public Health Problem," June 29, 2011, centeronaddiction. org/newsroom/press-releases/national-study-reveals-teen-substance-use-americas-1-public-health-problem.

25 Michael Numan and Thomas R. Insel, *The Neurobiology of Parental Behavior* (New York: Springer, 2003).

26 Anne Buist, "Childhood Abuse, Parenting and Postpartum Depression," *Australian and New Zealand Journal of Psychiatry* 32, no. 4 (August 1998): 479-87.

第八章　当母亲排斥育儿：产后抑郁和母亲角色继承的缺失

1 Erik H. Erikson, *Identity and the Life Cycle* (New York: W. W. Norton, 1994).

2　Sigmund Freud, "On Psychotherapy," in *The Standard Edition of the Complete Psychological Works of Sigmund Freud*, Vol. 7: *A Case of Hysteria*, *Three Essays and Other Works* (1901-1905), eds. James Strachey, Anna Freud, Carrie Lee Rothgeb, Angela Richards, and the Scientific Literature Corporation (London: Hogarth Press, 1953-74).

3　D. Francis, J. Diorio, D. Liu, and M. J. Meaney, "Nongenomic Transmission across Generations of Maternal Behavior and Stress Responses in the Rat," *Science* 286, no. 5442 (November 1999): 1155-58. Michael Numan and Thomas R. Insel, *The Neurobiology of Parental Behavior* (New York: Springer, 2003).

4　Dan Hurley, "Grandma's Experiences Leave Epigenetic Mark on Your Genes," *Discover*, June 25, 2015, discovermagazine. com/2013/may/13-grandmas-experiences-leave-epigenetic-mark-on-your-genes.

5　Harry F. Harlow, Margaret K. Harlow, Robert O. Dodsworth, and G. L. Arling, "Maternal Behavior of Rhesus Monkeys Deprived of Mothering and Peer Associations in Infancy," *Proceedings of the American Philosophical Society* 110, no. 1 (1966): 58-66.

6　Marian Radke-Yarrow, Carolyn Zahn-Waxler, Dorothy T. Richardson, et al., "Caring Behavior in Children of Clinically Depressed and Well Mothers," *Child Development* 65, no. 5 (October 1994): 1405-14.

7　Marian Radke-Yarrow, *Children of Depressed Mothers: From Early Childhood to Maturity* (New York: Cambridge University Press, 1998).

8　Les B. Whitbeck, Dan R. Hoyt, Ronald L. Simons, et al., "Intergenerational Continuity of Parental Rejection and Depressed Affect," *Journal of Personality and Social Psychology* 63, no. 6 (1992): 1036.

9　Charles A. Nelson, Nathan A. Fox, and Charles H. Zeanah, *Romania's Abandoned Children: Deprivation, Brain Development, and the Struggle for Recovery* (Cambridge: Harvard University Press, 2014).

10　Centers for Disease Control and Prevention, "Prevalence of Self-Reported Postpartum Depressive Symptoms—17 States, 2004-2005," *Morbidity and Mortality Weekly Report* 57, no. 14 (April 2008): 361-66.

11　Sheila Shribman and Kate Billingham, *Healthy Child Programme: Pregnancy and the First Five Years* (London: COI for the Department of Health, 2009).

第九章　为什么我们不重视母亲的角色？

1　Nicole Lyn Pesce, "Beyoncé Calls Blue Ivy Her Greatest Accomplishment," *NY Daily News*, March 10, 2016, nydailynews. com/ entertainment/music/beyonce-calls-blue-ivy-greatest-accomplishment-article-1. 2559619.

2　Jenny Kutner, "Beyoncé Said Being a Mom Is Her Greatest Accomplishment," Mic, March 11, 2016, mic. com/articles/137669/beyonc-said-being-a-mom-is-her-greatest-accomplishment-um-really-bey#. qhIEqUOlG.

3　Elizabeth Kiefer, "Beyoncé Is under Fire for Saying Motherhood Is Her Biggest Accomplishment," Refinery29, March 11, 2016, refinery29. com/2016/03/105797/beyonce-proudest-accomplishment-motherhood.

4　Judith Shulevitz, "How to Fix Feminism," *New York Times*, June 10, 2016, nytimes. com/2016/06/12/opinion/sunday/how-to-fix-feminism. html.

5　Fareed Zakaria, *Anne-Marie Slaughter Talks Women in the Workplace*, [video; interview], October 17, 2015, cnn. com/videos/tv/2015/10/17/exp-gps-slaughter-sot-women-at-work. cnn.

6　Francine D. Blau and Lawrence M. Kahn, "The Gender Wage Gap: Extent, Trends, and Explanations," Working Paper, no. 21913, National Bureau of Economic Research, January 2016, nber. org/papers/w21913.

7　Claire Cain Miller and David Streitfeld, "Big Leaps for Parental Leave, if Workers Actually Take It," *New York Times*, September 1, 2015, nytimes. com/2015/09/02/upshot/big-leaps-for-parental-leave-if-workers-actually-follow-through. html.

8　Pew Research Center, "Fewer Mothers Prefer Full-Time Work," Pew Research Center's Social & Demographic Trends, July 12, 2007, pewsocialtrends. org/2007/07/12/fewer-mothers-prefer-full-time-work.

9　George E. Vaillant, *Triumphs of Experience: The Men of the Harvard Grant Study* (Cambridge, MA: Belknap Press, 2012).

10　Pew Research Center, "Millennials: Confident. Connected. Open to Change," Pew Research Center's Social & Demographic Trends, February 24, 2010, www. pewsocialtrends. org/2010/02/24/millennials-confident-connected-open-to-change.

11 Pew Research Center, "The Rise in Dual Income Households," June 18, 2015, pewresearch. org/ft_ dual-income-households-1960-2012-2.

12 Salary. com, "2013 What's a Mom Worth Infographics," salary. com/2013-mom-infographics. Aaron Gouveia, "How Much Money Should Moms Be Paid?," Salary. com, salary. com/how-much-should-moms-be-paid/slide/13.

13 Madeline Levine, *The Price of Privilege: How Parental Pressure and Material Advantage Are Creating a Generation of Disconnected and Unhappy Kids*. (New York: Harper Perennial, 2008).

第十章 我们该如何选择？优先关注家庭需求

1 U. S. Department of Labor, "Family and Medical Leave Act—Wage and Hour Division (WHD)," dol. gov/whd/fmla.

2 Laura Addati, Naomi Cassirer, and Katherine Gilchrist, *Maternity and Paternity at Work: Law and Practice Across the World*, May 13, 2014, ilo. org/ global/publications/ilo-bookstore/order-online/books/WCMS_ 242615/lang-en/index. htm.

3 Pedro Manuel Carneiro, Katrine Vellesen Løken, and Kjell G. Salvanes, "A Flying Start? Long Term Consequences of Maternal Time Investments in Children during Their First Year of Life," SSRN Scholarly Paper ID 1714896, Social Science Research Network, October 2010, iza. org/dp5362. pdf.

4 Marshall Bright, "Etsy Announces New Parental Leave Policy," Refinery29, March 15, 2016, refinery29. com/2016/03/106024/etsy-parental-leave-policy.

5 National Institute of Mental Health, "Any Disorder Among Children," nimh . nih. gov/health/statistics/prevalence/any-disorder-among-childrens. html.

6 Centers for Disease Control and Prevention, "About the CDC-Kaiser ACE Study," cdc. gov/violenceprevention/acestudy/about. html.

7 U. S. Department of Labor, "Family and Medical Leave Act."

8 Richard Branson, "Why Virgin Is Extending Shared Parental Leave," June 10, 2015, virgin. com/richard-branson/why-virgin-is-extending-shared-parental-

leave. Cranz, Tawni, "Starting Now at Netflix: Unlimited Maternity and Paternity Leave," Netflix Media Center, August 4, 2015, media. netflix. com/en/company-blog/starting-now-at-netflix-unlimited-maternity-and-paternity-leave.

9   Zlata Rodionova, "Google's Paid Maternity Leave Has Halved the Number of New Mothers Quitting," *Independent*, January 29, 2016, independent. co. uk/news/business/google-s-paid-maternity-leave-halved-the-number-of-new-mothers-quitting-youtube-ceo-says-a6841326. html.

10   Heather Boushey and Sarah Jane Glynn, "There Are Significant Business Costs to Replacing Employees," Center for American Progress, November 16, 2012, americanprogress. org/issues/labor/report/2012/11/16/44464/there-are-significant-business-costs-to-replacing-employees.

11   Anne-Marie Slaughter, *Unfinished Business: Women Men Work Family* (New York: Random House, 2015).

12   Gretchen Livingston, "Growing Number of Dads Home with the Kids," Pew Research Center's Social & Demographic Trends, June 5, 2014, pewsocialtrends. org/2014/06/05/growing-number-of-dads-home-with-the-kids.

13   Lydia Dishman. "What's Missing from Amazon's New Parental Leave Policy," Fast Company, November 3, 2015, fastcompany. com/3053093/ second-shift/whats-missing-from-amazons-new-parental-leave-policy.

14   U. S. Congress, "H. R. 3377—Social Security Caregiver Credit Act of 2015," July 29, 2015, www. congress. gov/bill/114th-congress/house-bill/3377. Nita Lowery, "Lowey Introduces Legislation to Provide Social Security Earnings Credit to Caregivers" [press release], August 27, 2015, lowey. house. gov/media-center/press-releases/lowey-introduces-legislation-provide-social-security-earnings-credit.

15   National Partnership for Women & Families, "Family and Medical Insurance Leave (FAMILY) Act," nationalpartnership. org/issues/work-family/family-act. html. K. J. Dell'Antonia, "New Act Proposes National Paid Family Leave Policy" [blog post], *New York Times*, December 11, 2013, parenting. blogs. nytimes. com/2013/12/11/new-act-proposes-national-paid-family-leave-policy.